IRENE CÍVICO y SERGIO PARRA

Las CHICAS son de CIENCIAS

25 CIENTÍFICAS QUE CAMBIARON EL MUNDO

ILUSTRADO POR

NÚRIA APARICIO

Papel certificado por el Forest Stewardship Council®

Primera edición: febrero de 2018
Tercera reimpresión: julio de 2018

Printed in Spain – Impreso en España

ISBN: 978-84-9043-882-4
Depósito legal: B-26.423-2017

Compuesto en M. I. Maquetación, S. L.

Impreso en Talleres Gráficos Soler
Esplugues de Llobregat (Barcelona)

GT 3 8 8 2 4

Penguin
Random House
Grupo Editorial

Irene

Para todas las personas que no tienen miedo
a mostrarse tal y como son.

Sergio

A las personas que creen que sin ciencia
no hay futuro.

Núria

A las mujeres que son luz, no dejéis de brillar.

 índice

El mundo está lleno de misterios. Cosas que ignoramos, cosas que nos resultan inquietantes… Hasta que descubrimos cómo funcionan.

Desde el principio de los tiempos, tanto los hombres como las mujeres han tratado de llegar hasta el fondo de las cosas. Y no hay manera más poderosa de conseguirlo que la ciencia.

Hemos dicho hombres y mujeres, pero eso no es exactamente así, ya lo sabéis. Su curiosidad puede haber sido la misma, pero su acceso a la ciencia no ha sido igual de fácil. Y esto no es porque las chicas sean menos listas ni porque los hombres hayan tenido mayor sed de conocimiento, está claro, sino porque durante muchos muuuchos años a las mujeres no se les han dado las mismas oportunidades que a los hombres. Pensad que durante siglos (¡siglos!) a las chicas no se les permitía ni tan siquiera acceder a la educación. Empezando por ahí, imaginaos lo imposible que era que pudieran dedicarse a temas científicos y mucho menos explicar sus descubrimientos al mundo. ¿Quién las iba a escuchar? A las chicas se les decía que su misión en la vida era cuidar de la casa y de la familia. Y si querían dedicarse a otra cosa, ¿qué? Pues nada, la mayoría se tenían que aguantar.

Peeero, por suerte, el mundo está lleno de superguerreras que no se aguantan. Y todas las chicas que encontraréis en este libro se enfrentaron a todo eso, lucharon a tope contra los estereotipos, rompieron las normas que la sociedad les imponía, creyeron en ellas mismas incluso cuando el mundo entero ponía en duda sus habilidades y terminaron demostrando lo fuerte que podían petarlo en el mundo de las ciencias. 25 mujeres intrépidas, que allanaron el camino a las futuras chicas ingenieras, químicas, biólogas, matemáticas, médicas, astrónomas, físicas… y que siguen inspirando a nuestros pequeños niños y niñas ge*eks* de hoy en día para construir todos juntos el futuro de la humanidad.

Porque, a pesar de los prejuicios y algún que otro ignorante que queda por el mundo, las chicas pueden hacer todo lo que se propongan: curar enfermedades, escribir código, hacer despegar cohetes, demostrar teorías, descubrir galaxias, construir robots, ganar premios de todo tipo… y seguir trabajando duro día tras día para desvelar todos los misterios habidos y por haber.

Así que ya lo sabéis: cada vez que alguien os diga que las chicas no son de ciencias, ponedles este libro delante de la cara, ¡BOOM! Porque si hay algo que está científicamente superdemostrado es que las chicas molan muchísimo. *Y las de ciencias, elevado al cubo, claro.*

Agnodice

La primera médica conocida de la historia

Fecha y lugar de nacimiento
Siglo IV a. de C. (Atenas, Grecia).

Su mayor logro
Convertirse en médica cuando la medicina estaba prohibida para las mujeres.

Su lema
«Las mujeres somos tan buenas como los hombres.»

Cópiale
Lucha por tus sueños, aunque nadie los entienda.

Hace miles de años, las médicas ya existían. No eran animales mitológicos, no. Eran mujeres médicas, encargadas en aquel tiempo de curar a otras mujeres y, también, de ayudarlas a traer hijos al mundo. Con el paso de los años, los hombres empezaron a impedir a las chicas que ejerciesen medicina. De hecho, llegaron a prohibírselo. La razón detrás de tamaña estupidez es que los hombres creían que si daban libertad a las mujeres para ejercer la medicina, ellas podrían controlar la población escogiendo cuándo tener o no tener hijos. El problema de esta obsesión por controlar a la mujer es que tampoco se dejaba a demasiados médicos hombres que se ocuparan de ellas durante el parto, y a las mujeres tampoco les gustaba que las tocasen hombres que no fuesen sus maridos, así que muchas mujeres morían cuando daban a luz.

Pero en el siglo IV antes de Cristo, nació en Atenas una chica llamada Agnodice que soñaba con convertirse en una gran médica y salvar las vidas de las mujeres y sus bebés. Cuando se lo dijo a su padre, a este le entró el miedo: si las mujeres tenían prohibido ejercer la medicina os podéis imaginar que tampoco podían estudiarla. Pero el padre de Agnodice creía en su hija, que era una valiente, y la apoyó cuando esta decidió liarse la manta a la cabeza e irse a Alejandría a estudiar… Juntos trazaron un plan para que nadie se lo pudiese impedir: *Agnodice se cortó el pelo y se vistió como un chico para que la aceptasen en la universidad.*

En Alejandría, nuestra Agnodice disfrazada de chico pudo estudiar con el prestigioso médico griego Herófilo. Al poco tiempo, destacaría como su estudiante más brillante, sacando la nota más alta en el examen de medicina y convirtiéndose así en médica, ginecóloga y comadrona. Al volver a Atenas se encontró una mujer que se había puesto de parto en plena calle y, al querer ayudarla, esta se asustó mucho, ya que no quería que ningún hombre la tocase.

Así que Agnodice se descubrió y le demostró que en realidad era una chica. La mujer aceptó su ayuda para poder traer a su hijo al mundo sano y salvo. Esta mujer quedó tan agradecida que le habló de Agnodice a todas sus amigas, quienes le guardaron el secreto, pues ya solo querían ser tratadas de sus problemas médicos por ella. Al fin y al cabo, ¿quién podía conocer mejor el cuerpo de una mujer que otra mujer?

El problema es que el resto de los médicos no entendían por qué todas las mujeres querían visitarse con Agnodice (o el nombre que usase como médico señor) y, como la envidia es muy mala, empezaron a esparcir rumores de todo tipo sobre él (ella). Lejos de imaginar que Agnodice era en realidad una chica, pensaban que «ese chico» enamoraba a todas las mujeres y se aprovechaba de ellas, lo que provocó que los maridos se volvieran locos de celos y los médicos de rabia cochina, así que todos se unieron para denunciarla y llevarla a juicio ante el Consejo de Ancianos. El Consejo de Ancianos vendría a ser un juicio de ahora pero con los abuelos sabios del pueblo dictando sentencias.

En el juicio, delante de un buen puñado de médicos envidiosos y maridos celosos, Agnodice dejó a todos alucinados levantándose la túnica para enseñarles que en realidad no era un hombre. Pero al confesar su verdadero sexo, se la acusó de un delito todavía más grave: suplantar la identidad de un hombre para ejercer la medicina. Al quebrantar esta ley, el Consejo de Ancianos castigó a Agnodice con la pena de muerte.

Pero lo que ninguno de esos hombres esperaba es que todas las mujeres a las que había ayudado tanto Agnodice salieran en su defensa y se rebelaran contra la injusticia a la que estaban sometiendo a esa valiente médica. Las mujeres les dijeron a sus maridos que no parecían sus maridos sino sus enemigos, ya que estaban condenando a la persona que les había traído la salud. Se montó tal revuelo en Atenas que los hombres se asustaron y no solo perdonaron a Agnodice sino que, a partir de ese momento, se cambiaron las leyes y permitieron que cualquier chica pudiese estudiar medicina si quería. *Eso sí, solo para ayudar a otras chicas.* Obviamente, esto no está bien del todo, pero bueno, fue un avance.

La historia de Agnodice pasó hace tanto taaaaaanto tiempo que es imposible saber hasta qué punto es verdadera. Y, de hecho, muchos dicen que su historia es tan solo un mito narrado en las *Fábulas* del escritor romano Cayo Julio Higinio. Pero lo cierto es que la figura de Agnodice, real o no, ha pasado a la historia como un símbolo de todas aquellas mujeres que a lo largo de la historia, y a pesar de ser unas incomprendidas en muchos casos, han luchado por el sueño de poder dedicarse a la ciencia. *¡Nunca tiréis la toalla si tenéis un sueño!*

Maria Sibylla Merian

La entomóloga autodidacta que pintaba insectos

Fecha y lugar de nacimiento
2 de abril de 1647 (Frankfurt, Alemania).

Su mayor logro
Crear la primera clasificación ilustrada de insectos de la historia.

Su lema
«El arte y la naturaleza siempre lucharán hasta que se conquisten el uno al otro.»

Cópiale
Si tienes una afición, por muy rara que sea, dedícate a ella con pasión.

Casi todos hemos tenido alguna vez gusanos dentro de una caja de zapatos, ¿verdad? Esos bichitos feos y arrugados que se montan su abriguito de seda y, después de ser capullo un tiempo, van y se convierten en mariposas preciosas, dejándote loco de amor. Pues a Maria Sibylla la alucinaban más que al resto. Cuando descubrió que estos bichos eran capaces de transformarse en bonitas mariposas, empezó a recoger como una loca todo tipo de gusanos de diferentes especies, para guardarlas y estudiarlas.

Maria creció rodeada de libros en Frankfurt, una ciudad donde se encontraba la imprenta más importante del país y los editores de libros más famosos, entre ellos, su padre,

quien editaba libros preciosos llenos de ilustraciones, como este que ahora estás leyendo. Pero su padre murió muy pronto y fue su padrastro quien le enseñó a dibujar, pintar y hacer grabados. O sea que, combinando sus dos grandes pasiones, a los 13 años Maria ya pintaba sus primeras láminas de los insectos que ella misma capturaba. Algo digno de admirar ya de por sí, porque la mayoría de insectos son un poco asquerosetes, pero es que, además, en aquella época no eran interesantes para nadie, sino algo repugnante que debía ser chafado de un pisotón. Y mucho menos interesantes debían ser para una chica, que se supone que había de estar en casa tomando el té y no persiguiendo bichejos por el barro.

Pero Maria, que además de talentosa con los pinceles, era tozuda, quería estudiar en profundidad cómo se producía esta transformación de gusano a mariposa, lo que conocemos como metamorfosis, vaya. Y todo lo que hacía Maria, lo dirigía a esa pasión que sentía. Por ejemplo, cuando abrió una escuela de dibujo y pintura para chicas, convirtió a muchas de ellas en sus ayudantes, para que le echaran una mano a la hora de pintarlo y documentarlo todo: los cambios que sufría el cuerpo de las mariposas durante su vida, cómo se alimentaban en las plantas… ¡todo! Y recogió todos los dibujos en un volumen precioso que llamó *Nuevo libro de flores*. Y en menos de dos años publicó tres volúmenes más.

La fama de Maria como coleccionista de insectos se hizo tan popular que ¿sabéis qué le solían regalar en su cumpleaños en vez de un vestido o unos pinceles nuevos? ¡Correcto! Gusanos. Todo aquel esfuerzo que hacía Maria por dar a conocer los secretos de los insectos era más importante de lo que parecía en ese momento, porque en aquella época se creía que los insectos no eran animales, sino criaturas que creaba el diablo en el barro putrefacto, o sea que nadie perdía el tiempo en estudiarlos. Sí, muy loco. Con los años, incluso, fue más allá, y empezó a estudiar también los huevos de las ranas y la metamorfosis de los renacuajos. Todo esto en una época en la que ¡ni siquiera se había inventado el microscopio!

A los 38 años se separó —una decisión también muy adelantada a su tiempo— y se trasladó a vivir al castillo del gobernador de Surinam, que está en Sudamérica, pero que en ese momento era una colonia holandesa. Gracias al gobernador y a sus influyentes amigos, pudo estudiar las plantas y los insectos tropicales que les mandaban desde allí. Pero el gran salto en sus investigaciones llegó cuando se le presentó la posibilidad de viajar a la selva de Surinam para ver con sus propios ojos animales todavía más exóticos y extraños. A todo el mundo le pareció una mala idea y todos le dijeron que las mujeres no podían ir por los sitios así a lo loco. ¿Sabéis qué hizo Maria? Las maletas. Y se plantó allí con su hija Johanna, emprendiendo lo que sería ¡uno de los primeros viajes científicos de la historia!

A pesar del calorazo que hacía en Surinam, Maria cada día visitaba la selva para recoger muestras de todo tipo de animales y nuevas plantas que descubría. Todo lo que allí estudió le sirvió para publicar su libro más importante: *Metamorfosis de los insectos del Surinam*, que fue la primera clasificación de todos los insectos con crisálida. La primera. En todo el mundo. Un libro precioso, lleno de colores y bastante caro para la época. El libro fue un éxito instantáneo y la comunidad científica tuvo que empezar a prestar atención a lo que estaba haciendo Maria.

Pero a pesar de que Maria fue una de las primeras naturalistas de la historia y sus descubrimientos son usados todavía a día de hoy, a la comunidad científica le costó reconocerla. A pesar de esta ceguera, Maria también se hizo famosa en el ámbito artístico, lo que demuestra que ciencia y arte son una buena combinación. A día de hoy sus dibujos son considerados obras de arte increíbles y son coleccionados alrededor del planeta. Porque Maria nos enseñó a todos muchas cosas que, por ser pequeñas, y a veces feas, nos habían pasado desapercibidas. *Y además lo hizo de la forma más preciosísima posible.*

Caroline Lucretia Herschel

La primera astrónoma en descubrir un cometa

Fecha y lugar de nacimiento
16 de marzo de 1750 (Hannover, Alemania).

Su mayor logro
Descubrir multitud de cometas y nebulosas.

Su lema
«Siempre nos queda algo por hacer.»

Cópiale
Nunca aceptes tu destino si no te gusta.

A pesar de que el campo de la astronomía ha sido eclipsado (guiño, guiño) durante mucho tiempo por los hombres, un montón de chicas a lo largo de la historia han contemplado las estrellas con gran devoción. Y, a pesar de tener muchos problemas para acceder a los observatorios por ser chicas, muchas de ellas descubrieron cosas que habían pasado desapercibidas por astrónomos de todo el mundo.

La primera gran observadora del cielo fue Caroline, una gran chica, aunque pequeña de tamaño, que no pasaba desapercibida cuando entraba en una habitación, pues a causa de un ataque de viruela y tifus padecido de pequeña, no pasó de los 1,30 metros de altura. Hay que tener presen-

te que en aquella época las personas que tenían alguna deformidad eran vistas como gente inferior o impura, ojito al dato, ¡impuras! Desde luego la ignorancia es muy atrevida… Así que por culpa de este tipo de creencias estúpidas Caroline tuvo una vida un tanto solitaria. Su madre, que la obligaba a pasarse horas y horas limpiando la casa y haciendo las tareas del hogar, como si fuese una Cenicienta tampoco era de mucha ayuda. Pero su padre, que era un músico muy culto, había querido que sus tres hijos aprendiesen a leer y escribir y tuvieran formación en aritmética, astronomía y música.

Caroline no tenía un hada madrina que le concediera sus deseos, pero sí tenía a su hermano William que era bastante crack como hermano. Cuando William se fue a Inglaterra a dirigir una orquesta, Caroline quiso irse con él a estudiar canto, pues era una muy buena soprano. Su estirada madre aceptó, pero a cambio de que William le pagara una sirvienta durante años para cubrir la ausencia de Caroline en la casa. ¡Increíble!

Ya en Inglaterra, durante el día, William trabajaba como músico y Caroline haciendo las tareas del hogar, pero por las noches se juntaban para observar el cielo desde el jardín. Para ello, los hermanos construyeron sus propios telescopios, tan sofisticados que se calcula que fueron veinte veces más potentes que los mejores de la época. Mirando al cielo juntos por la noche, los hermanos Herschel descubrieron que, como ellos, había estrellas que en vez de estar solas, iban siempre de dos en dos. ¡De estas estrellas dobles encontraron más de mil!

Aunque es William el que ha pasado a la historia como gran explorador de las estrellas, lo cierto es que Caroline era tan o más trabajadora que su hermano y, sin su ayuda, este nunca habría logrado descubrir un nuevo planeta, Urano, o identificar más de 2.500 nebulosas. ¡Que son muchísimas! Qué maravilla que tu trabajo sea descubrir nebulosas (algo así como las nubes del espacio, que están hechas de gases y polvo). Al descubrir Urano, William se convirtió en el astrónomo oficial del rey de Inglaterra y Caroline empezó a cobrar un sueldo como ayudante de su hermano, convirtiéndose en la primera mujer en la historia en recibir un sueldo por su trabajo como científica.

Pero no solo trabajaba con su hermano, pues también investigaba por su cuenta, y a los 37 años ya tenía su pequeño observatorio desde el que descubrió la sexta y séptima luna de Saturno. Sí, la séptima. Saturno, por lunas que no sea. También calculó cómo rotaba el anillo de Saturno, que en realidad no es un anillo sino miles de rocas que orbitan a su alrededor. Saturno como planeta, la verdad, es que es el más original de todos.

Su hermano se casó y Caroline no se llevaba bien con su mujer, por lo que se fue a vivir a otra casa, pero nunca dejó de reunirse a menudo con su hermano para continuar estudiando el cielo. Ya en solitario, Caroline se convirtió en la mejor descubridora de cometas del mundo. El 1 de agosto de 1786 encontró su primer cometa, que fue descrito como «*el primer cometa femenino*».

A pesar de que nadie había reconocido antes los descubrimientos de las mujeres en el campo de la astronomía, al final la Royal Astronomical Society de Londres tuvo que admitir la grandeza de Caroline y darle la Medalla de Oro de la Institución por sus dos inmensos catálogos de objetos del universo, que escribió al poco de morir William. Caroline logró una reputación tan enorme en el mundillo que muchos astrónomos empezaron a bautizar con el nombre de Caroline a sus hijas, sin contar que muchísimos cometas y algún que otro cráter de la Luna también se llaman ahora como ella. *Una estrella como ella se merece eso y mucho más.*

Henrietta Leavitt

La astrónoma que nos permitió medir el universo

Fecha y lugar de nacimiento

4 de julio de 1868 (Lancaster, Estados Unidos).

Su mayor logro

Descubrir el método de medición de la distancia entre estrellas.

Su lema

«En el brillo de las estrellas se esconde una nueva regla para medir el Universo.»

Cópiale

A veces, en los pequeños detalles está la respuesta a grandes enigmas.

En el cielo hay tantas, tantas, tantísimas estrellas que es imposible contarlas todas. Existen alrededor de unas 6.000 estrellas visibles desde la Tierra, pero se calcula que en todo el universo hay unas 10.000.000.000.000.000.000.000.000 estrellas. Nuestro cerebro es incapaz de imaginar un número así de largo ni de broma (yo solo veo ceros, la verdad). Pero el mayor problema es que sabemos muy poquitas cosas sobre ellas porque están muuuy lejos, por eso es tan importante el trabajo de Henrietta Levitt, quien ideó un método para poder conocerlas un poquito mejor.

A pesar de que en el siglo XIX no era nada habitual que las niñas quisieran estudiar tantos años e ir a la universidad,

los padres de Henrietta la apoyaron hasta el final y con 24 años consiguió graduarse en el Radcliffe College, una universidad solo para mujeres asociada a Harvard, donde estudió griego, geometría, arte, filosofía, matemáticas y astronomía. Casi nada. Cuando acabó la universidad decidió apuntarse como voluntaria en el Observatorio del Harvard College.

A las mujeres que trabajaban allí solían llamarlas «calculadoras» porque hacían tareas rutinarias, como cálculos aburridísimos o revisiones de placas fotográficas de las investigaciones que hacían los hombres. Pero Henrietta estaba tan feliz que no le daba mucha importancia a lo tedioso del trabajo ni al hecho de que le pagaran muy poco (25 centavos a la hora, 6 días a la semana, 7 horas al día). Henrietta incluso pasó por alto lo peor de todo, que el mérito de cualquier cosa que ella descubriese se lo llevarían sus jefes. Los jefes estaban tan contentos con ella que decidieron contratarla a tiempo completo. ¡Normal, si les hacía todo el trabajo!

Un día, mientras estaba calculando e interpretando datos, Henrietta se quedó fascinada por el patrón de comportamiento de las estrellas Cefeidas. En las imágenes vio que, cuanto más deprisa giraban, más brillantes eran. Y es que cuando miramos una noche estrellada, solo vemos un montón de puntos brillantes y parpadeantes, pero ¿cómo saber los que están más cerca de nosotros? Pues lo sabemos gracias a Henrietta, porque ella descubrió que la luminosidad de la estrella también depende de la distancia a la que se encuentre. Cuanto más lejos, menos brillará, claro. *Ahora parece fácil pero hasta que Henrietta no lo vio, nadie lo sabía. Así que ahora podemos conocer su luminosidad por su rotación y, con un simple cálculo, la distancia a la que está la estrella. Tiene sentido, ¿no?*

Eso la llevó a publicar una disertación de tres páginas que tuvo que ir firmada por su jefe para poder ser presentada. Pero pudo decir, al menos, que estuvo preparada por ella. Algo es algo, está claro. Gracias al descubrimiento de Henrietta, los astrónomos se dieron cuenta de que así se podían conocer la distancias no solo de las Cefeidas, sino de todas las estrellas. Pero la magnitud de su descubrimiento era mayor aún ¡también se podría conocer el tamaño del propio universo! Así, basándose en los datos descubiertos por Henrietta, se pudo calcular que el universo era más grande de lo que se pensaba hasta ese momento.

Henrietta había cambiado para siempre el curso de la astronomía, pues hasta ese momento nadie pensaba que hubiese nada más allá de la Vía Láctea. Gracias a la puerta que abrió otros científicos pudieron descubrir que la Tierra era un pequeño planeta más en la Vía Láctea, que encima existen millones de galaxias más como la nuestra y hasta que el universo está en movimiento porque hubo un Big Bang con el que empezó todo. Sin la audacia de Henrietta quizá todavía habría gente que pensaría que ¡la Tierra es el centro del universo!

La pena es que su jefe era quien elegía en qué tenía que trabajar Henrietta en cada momento y le iba cambiando las tareas según le parecía. ¿Os imagináis todo lo que podría haber descubierto Henrietta si le hubiesen dejado hacer lo que ella quisiera?

Poco tiempo después de morir Henrietta, llegó a su casa una carta del matemático sueco Gösta Mittag-Leffler, en la que le decía que le gustaría nominarla al Premio Nobel por sus impresionantes descubrimientos. Pero, claro, el premio no se puede dar a título póstumo, así que no fue posible. Eso sí, hay un cráter lunar y un asteroide que han sido bautizados con su nombre.

Pero ¿cómo puede ser que nadie le haya puesto su nombre a una estrella? Vamos ahora mismo a comprar una y llamarla «Henrietta». Se lo merece.

Mileva Marić

La gran física a la sombra de Einstein

Fecha y lugar de nacimiento
19 de diciembre de 1875 (Titel, Serbia).

Su mayor logro
Dicen que los mayores descubrimientos de Einstein también son de ella.

Su lema
«Hace poco hemos terminado un trabajo que hará mundialmente famoso a mi marido.»

Cópiale
Colabora siempre con los demás, pero reconoce tu mérito.

Gracias a la conservación de las cartas que se enviaban Albert Einstein y su esposa, Mileva Marić, sabemos que ambos hablaban de muchas cosas: amigos, cotilleos, amores… y que, además, Einstein también consultaba con ella todos sus asuntos científicos. De hecho, Einstein siempre se refería a ello como «nuestro trabajo» y «nuestra investigación». Sin embargo, ¿sabéis quién obtuvo el reconocimiento por el desarrollo de la teoría de la relatividad? Lo habéis adivinado: Albert Einstein. El nombre de Mileva no aparece en ningún libro de texto. Ella sencillamente pasó a la historia como la primera esposa del físico más genial y excéntrico del siglo XX.

Desgraciadamente, nunca sabremos hasta qué punto Mileva colaboró en el desarrollo de las innovadoras teorías de Einstein, porque los matrimonios tienen un gran espacio privado en el que no podemos entrar y tampoco tenemos máquinas del tiempo (todavía). Sin embargo, muchos historiadores afirman que la teoría de la relatividad de Einstein está inspirada en trabajos de Mileva que había presentado cuando estudiaba en la Escuela Politécnica de Zurich. Así como que la teoría del efecto fotoeléctrico tiene su origen también en los trabajos de Mileva cuando estudiaba en Heilderberg con el profesor Lenard. Cada vez está más claro, que Albert, sin Mileva, probablemente nunca hubiese triunfado de la manera tan espectacular como lo hizo.

Eso no significa que Einstein no fuera genial, ojo, pero está claro que sin Mileva le habría faltado una pieza fundamental. Se conocieron estudiando y, al finalizar sus clases a Mileva y Einstein les pusieron notas similares (4,7 y 4,6, respectivamente), excepto en física aplicada donde ella obtuvo la máxima puntuación de 5, y él solo un 1 (¡ups!). De hecho, se dice que Mileva era bastante más crack en matemáticas que Einstein, y que ella era quien le ayudaba a trasladar sus intuiciones a fórmulas matemáticas. Y es que nuestra Mileva no solo tenía una sólida formación en matemáticas, física y medicina sino que era, directamente, brillante. De hecho, en ninguno de los colegios en los que estudió admitían a mujeres, pero le concedieron permisos especiales porque su mente era tan impresionante que todos querían que estudiase en sus aulas.

Os podéis imaginar que con este talentazo, Mileva destacaba muchísimo en los estudios y ya iba camino de doctorarse peeero… se quedó embarazada. Y Einstein y ella no estaban casados. Y la época en la que vivían no era la nuestra, así que la obligaron a abandonar los estudios y no obtuvo el doctorado que tanto soñaba, aunque solo le faltaba aprobar el examen final. Rabia máxima, sí.

A pesar de su brillantez y que Einstein era consciente de ello, puesto que consultaba todos los temas científicos con ella, en casa la obligaba a ocuparse de todas las tareas del hogar. Mientras tanto él se dedicaba a viajar y a verse con otras mujeres, entre ellas su propia prima. En una de sus cartas le amenaza con el divorcio si no promete tener su ropa limpia siempre, proporcionarle tres comidas al día y solo dirigirle la palabra cuando él quiera. Esa era la teoría del amor de Albert Einstein, por lo que parece. Se le había ido la olla, está claro, y Mileva le respondió que lo llevaba claro, que ahí se quedaba con sus calzoncillos sucios. Porque el amor, depende de cómo, también es relativo.

Finalmente, se divorciaron y Mileva se dedicó a dar clases particulares de física a los (afortunados) alumnos que la necesitaban. Pero en 1921, cuando Einstein recibió el Premio Nobel, le entregó todo el dinero del premio a Mileva, tal y como habían acordado en el divorcio en el caso de que él ganase el Nobel. Está claro que Mileva sabía que las teorías que habían desarrollado juntos eran impresionantes y que, tarde o temprano, recibirían la distinción que merecían. Y así fue. Pero ella no usó el dinero para darse caprichos sino para pagar los tratamientos médicos de su hijo, Eduard, que sufría de esquizofrenia.

Mileva nunca recibió un premio ni ninguna clase de reconocimiento por sus contribuciones a las teorías de Einstein, pero no le importaba porque ella era reservada y modesta. Dicen que Mileva nunca firmó sus estudios junto al nombre de Albert porque quería que él triunfase por encima de todo. Y vaya si lo consiguió. Pero gracias a su mente privilegiada y a sus fuertes principios (recordad, que cada uno se lave lo suyo y esas cosas básicas), *para nosotros Mileva siempre será la madre de la teoría de la relatividad.*

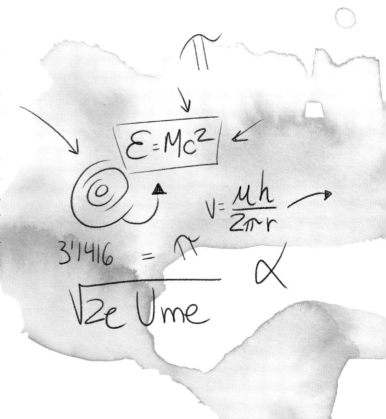

Margaret Sanger

La enfermera que luchó por la planificación familiar

Fecha y lugar de nacimiento
14 de septiembre de 1879 (Corning, Estados Unidos).

Su mayor logro
Conseguir que las mujeres tuviesen derechos reproductivos.

Su lema
«Ninguna mujer que no tenga poder sobre su propio cuerpo puede considerarse a sí misma libre.»

Cópiale
Que nadie decida por ti sobre tu cuerpo y mente: ¡son tuyos!

Hay gente que tiene una enorme suerte en el reparto de padres. Y a Margaret le tocaron 2 que eran la bomba. Honrados y liberales, educaron a sus hijos para luchar por la igualdad, el voto libre para hombres y mujeres y la educación pública. Desgraciadamente, la madre de Margaret murió muy pronto y ella tuvo que hacerse cargo de sus 10 hermanos. Por eso, en cuanto tuvo oportunidad, Margaret se hizo enfermera para poder ayudar a mujeres con sus embarazos y sus partos. Una tarea nada fácil que a ella le había tocado vivir de cerca.

Pensad que en el siglo XIX las mujeres prácticamente no tenían derechos comparadas con los hombres, y la salud reproductiva era un tema tabú. Los embarazos no desea-

dos era algo de lo que nadie hablaba y a lo que la medicina no prestaba ninguna atención. Es más, los médicos tenían prohibido hablar de aborto o de medidas para no quedarse embarazada, bajo pena de cárcel. ¡Fortísimo!

Pero Margaret no estaba de acuerdo y por eso empezó a escribir una columna en el periódico *New York Call* llamada «Lo que toda chica debería saber», donde hablaba sin tapujos sobre sexualidad. Nadie se había atrevido a hablar en público de los temas que trataba Margaret, así que se hizo superpopular entre las mujeres y más tarde publicó un libro con todos sus escritos. *Evidentemente, fue un éxito rotundo.*

A pesar de su fama, Margaret no dejó de ejercer de enfermera. No podía mirar para otro lado mientras miles de mujeres necesitaban ayuda. Y es que como la mayoría de las chicas no tenían información sobre temas sexuales, cómo evitar el embarazo, cómo abortar de modo seguro o cómo dar a luz, las mujeres de la época hacían cosas muy peligrosas o muy inútiles como rezarle muy fuerte a los dioses, tomar cócteles con mucho mercurio (que eran supertóxicos) o licores caseros hechos con testículos de castor (que, aparte de saber fatal, no servían para nada).

Margaret decidió que salir a la calle y repartir panfletos con información sobre contracepción y planificación familiar, dar charlas a mujeres allí donde estuvieran, explicándoles todo lo que sabía. Sin embargo, el activismo de Margaret no sentó muy bien a los que gobernaban en Nueva York, y fue detenida varias veces. Pero antes de ir a juicio y arriesgarse a que la metiesen en la cárcel, Margaret decidió huir de Estados Unidos hacia Europa.

Cuando vio claro que era el momento de volver a Estados Unidos lo hizo por todo lo alto: Margaret abrió la primera clínica de control de natalidad y planificación familiar del país, y se trajo con ella (ilegalmente) nuevas formas de prevenir el embarazo que compartió con las mujeres que iban a visitarla. Por supuesto, la encerraron en la cárcel y la llevaron a juicio, pero su caso levantó tanto revuelo entre la sociedad que provocó que cientos de activistas se movilizasen por todo Estados Unidos y un montón de gente diese dinero para su causa. Porque no está todo perdido ahí fuera, hay gente con la cabeza en su sitio, todavía. *Finalmente consiguieron cambiar la ley y por fin permitieron que los médicos pudiesen recetar píldoras anticonceptivas.*

Margaret no solo fue presidenta de la American Birth Control League (Liga Americana para el Control de Natalidad) sino que también fundó en 1923 la Oficina de Investigación Clínica, que fue la primera clínica legal de control de natalidad, donde solo trabajaban mujeres, tanto médicas como trabajadoras sociales. Fundó otra clínica en el barrio de Harlem donde todo el personal era afroamericano y ayudó a fundar la International Planned Parenthood Federation (Federación Internacional de Planificación Familiar), la ONG más importante a nivel mundial sobre salud femenina, control de natalidad y planificación familiar. Una tarea importantísima que esperemos que puedan continuar *forever and ever*.

El secreto estaba en influir en las hormonas de las mujeres mediante medicamentos. Pensad que las hormonas son como una especie de mensajeros químicos que recorren el cuerpo humano y regulan la función de nuestros órganos. Es decir, que si se cambiaban los mensajes que llevaban determinadas hormonas, también se podía cambiar el momento en el que una mujer fuera fértil y que pudiera quedarse embarazada o no. Pero esto no fue suficiente para Margaret, porque, como buena chica guerrera, era incansable. Y en uno de sus viajes por Europa descubrió que había químicos que estaban experimentando con métodos mucho más eficaces para la prevención del embarazo: los hormonales. Cuando se enteró de esto, Margaret Sanger se puso a trabajar como una loca para convencer a la gente rica de que financiara las investigaciones científicas de, entre otros, el biólogo Gregory Pincus. Este hombre, gracias a los esfuerzos de Margaret, fue uno de los descubridores de la píldora anticonceptiva y cambió así el curso de la historia para siempre. El control de las mujeres sobre sus cuerpos estaba ahora mucho más cerca. ¡Gracias, Margaret!

El legado de Margaret sin duda es impresionante y las mujeres le estaremos eternamente agradecidas. Era una chica guay, sin duda. Una supermujer. Literalmente. William Marston, el creador de Wonder Woman, fue pareja de Olivia, la querida sobrina de Margaret, y se dice que todas las historias en las que Wonder Woman protestaba por algún derecho o se unía a alguna huelga de trabajadores estaban inspiradas por la incansable Margaret. *Muy wonder todo, ¿verdad?*

Emmy Noether

La matemática más importante de la historia

Fecha y lugar de nacimiento
23 de marzo de 1882 (Erlangen, Alemania).

Su mayor logro
Abrir el campo del álgebra abstracta.

Su lema
«Mis métodos algebraicos son realmente métodos de trabajo y pensamiento; por eso se han colado por todas partes de forma anónima.»

Cópiale
Aunque nadie entienda lo que haces, tú sigue.

Obviamente, ninguna chica necesita que su valor sea determinado por lo que opinen los chicos de ella, pero cuando genios de las mates como Albert Einstein o Pavel Alexandrov dicen que Emmy Noether es la mujer más importante en la historia de las matemáticas, lo más seguro es que tengan razón.

Emmy creció en una familia de matemáticos y ella quería estudiar mates también como su padre y sus hermanos. Sin embargo, las leyes alemanas no permitían que las mujeres pudiesen acceder a una educación superior y limitaban los estudios de las niñas a temas como la música y el baile. ¿Hola? Pues sí, Emmy ya iba pensando en que tendría que estudiar para ser profesora de inglés y francés, pero cuan-

do la Universidad de Erlangen empezó a abrir tímidamente sus puertas a las mujeres, a ella le faltó tiempo para apuntarse a todos los cursos de matemáticas. Al principio solo podía asistir como oyente y sentarse al final de la clase y, encima, tenía que conseguir el permiso de cada profesor uno a uno, pero eso no la detuvo. Emmy persistió y, por supuesto, resultó ser buenísima en mates. Al final, se licenció en 1903. Poco después presentó un trabajo llamado *Sobre la construcción de los sistemas formales de las formas bicuadráticas ternarias*, que suena suuuperfácil de leer. Aunque cuando recordaba su tesis, normalmente se refería a ella como «una jungla de fórmulas» o, directamente, «una caca». Porque, amigos, Emmy, aparte de ser más lista que nadie, era divertidísima.

Sus primeros años laborales no fueron fáciles porque, a pesar de estar dando clases en la universidad, los hombres no permitían que Emmy cobrase dinero por ello. Una vergüenza total. Así que estuvo siete años dando clases GRATIS hasta que la contrataron en la Universidad de Gotinga para dar las clases bajo el nombre de su supervisor, David Hilbert. Gracias a los dioses de las mates, su supervisor era un hombre inteligente y empezó una campaña en la universidad para que Emmy tuviese los mismos derechos y sueldo que sus compañeros masculinos. En su discurso ante los jefes de la universidad dijo: «No entiendo qué tiene que ver el sexo de una persona para ser admitida como profesora. Después de todo, somos una universidad, no unos baños públicos». Él también era un tipo divertido. *Para apoyar su argumento, super-Emmy decidió empezar a bañarse en la piscina donde solo admitían hombres. Grandiosa.*

A pesar de todas estas trabas, Emmy desarrolló ecuaciones matemáticas que aún a día de hoy son básicas para la física. Ella abrió el campo de lo que se conoce como álgebra abstracta, probando nuevas teorías sobre grupos y anillos (no tendríamos páginas suficientes para poder explicarlas, pero de verdad que son apasionantes). Pero el mundo no abrió los ojos a la grandeza de Emmy hasta que no desarrolló el que ya se conoce como «el teorema de Noether». Que, resumido, viene a decirnos que cuando algo se pone en funcionamiento, tiende a querer conservar ese movimiento. Para ponerlo fácil, el teorema de Noether nos da explicaciones a cosas como el porqué una bicicleta funciona de la manera como lo hace: cuando las ruedas simétricas de la bici giran, siempre querrán mantener su velocidad y dirección originales. De hecho, ¡cualquier objeto que demuestre su teorema, todavía a día de hoy se le llama «noetheriano»!

Emmy ganó muchísima notoriedad, pero ella siguió haciendo lo que más le gustaba, que era enseñar a sus alumnos y llevarles de la mano para que descubrieran tantas cosas como ella. Sus estudiantes la adoraban tanto que se llamaban a sí mismos *«los chicos Noether»*. Y podían pasarse horas con ella; así, cuando terminaban las clases seguían de charla en la calle, en una cafetería o paseando por el bosque. Sin embargo, este momento dorado duró poco. Estalló la Segunda Guerra Mundial en Alemania y, al ser judía, los nazis la obligaron a abandonar la universidad. ¿Creéis que Emmy abandonó a sus alumnos? Claro que no. Les continuó dando clases secretamente hasta que la persecución nazi empezó a poner en peligro seriamente su vida y Emmy, junto a otros genios alemanes judíos amigos suyos, como Albert Einstein o Hermann Weyl, tuvo que emigrar a Estados Unidos.

Emmy fue una persona única, a quien le importaba un bledo lo que los demás pensaran de ella y que no quiso casarse porque su verdadero amor eran las matemáticas. Su mente fascinante era capaz de resolver problemas matemáticos imposibles de una forma original y que sin duda ha influido e *influirá en todas y todos los jóvenes matemáticos de aquí a la eternidad.*

Beulah Louise Henry

La primera chica superinventora

Fecha y lugar de nacimiento

11 de febrero de 1887 (Raleigh, Estados Unidos).

Su mayor logro

Ser responsable de 110 invenciones y 49 patentes. Casi nada.

Su lema

«Si la necesidad es la madre de la invención, entonces el ingenio es el padre.»

Cópiale

Si no existe, ¡invéntalo!

Beulah nació en una importante familia de Carolina del Norte, descendiente directa de uno de los padres fundadores de Estados Unidos, así que desde pequeña tuvo la suerte (¡y el dinerito!) de poder tener acceso a todo el conocimiento que quiso y el tiempo libre necesario para cultivar las bellas artes. Pero lo que más le divertía, sin lugar a dudas, era inventar cosas. Y le divertía mucho, tanto, que Beulah llegó a desarrollar 110 inventos y conseguir 49 patentes, y todo eso de manera autodidacta, ¡sin que nadie le enseñase nada!

Desde pequeña, Beulah se divertía trasteando con herramientas y aparatos domésticos que encontraba por casa, y con tan solo 25 años patentó… ¡una máquina para hacer

helados! Un invento molón y muy muy extraordinario para su tiempo que conseguía hacer helado con bastante rapidez y casi sin usar hielo; además, también servía para enfriar el agua. *Hey, hey ¡helado casero todos los días!*

Lo siguiente que se propuso Beulah fue crear un bolso que pudiera combinar con toda la ropa. Las normas de etiqueta eran estúpidamente estrictas entonces y si tenías un bolso rojo, por ejemplo, solo podías combinarlo con un vestido rojo. Así que si querías tener bolsos para combinar con toda tu ropa, pues imagínate, debías tener un locurón de bolsos en el armario. Así que Beulah diseñó un bolso con unas cubiertas intercambiables que permitía cambiar los colores del bolso. Sí, eso mismo, una especie de «carcasa». Y para hacerlo todavía más útil le puso varias cremalleras y compartimentos para poder llevar todo lo que te apeteciera.

A Beulah, como veis, le gustaba patentar inventos que sirvieran para varias cosas a la vez. Diseñó un parasol que se plegaba totalmente para no molestar y cuyo mango, además, podía usarse para guardar un estuche de maquillaje. TOP. Y después traspasó la idea del bolso de colores intercambiables al paraguas y así poder combinarlo todo siempre. Sí, amigos, Beulah podría haber sido perfectamente una de esas inventoras de las películas de espías que fabrican el zapato teléfono o el mechero pistola láser. Pero con mucho estilo y colorinchis.

Lo que importaba a Beulah eran las necesidades de la gente normal y corriente, y por eso trataba de facilitarles la vida a las personas en su vida cotidiana. ¡Y a la gente le encantaron sus inventos! Con sus primeros desarrollos, de hecho, Beulah hizo una pequeña fortuna, con la que fundó un laboratorio en Nueva York y pudo contratar a muchos trabajadores para poder hacer realidad todas sus ideas.

Algunas de sus ideas más curiosas fueron para crear juguetes. Como una muñeca que era capaz de hablar o un sistema para que los ojos de las muñecas se abrieran o se cerraran solos según la posición de la muñeca; por ejemplo, si estaba tumbada, se cerraban, como si se hubiera puesto a dormir. Con este dispositivo, se puso a la venta la muñeca *Miss illusion*, que, además, podía cambiar el color de sus ojos de marrones a azules o el color del pelo de negro a rubio con solo tocar un botón. También inventó un mecanismo para que los labios se movieran cuando pronunciara palabras. *Ahora todo esto nos parece normal pero para los niños de la época esto era prácticamente magia. Beulah, la reina del juguete, oiga.*

Beulah también trató de hacerle la vida más fácil a los oficinistas. Cuando usaban la máquina de escribir, por ejemplo, solo podían hacer una copia, y si empleaban también papel carbón (una hoja de papel negra que calcaba lo que escribías en una hoja en otra hoja) solo conseguían dos. El dispositivo desarrollado por Beulah, sin embargo, era una especie de máquina de escribir a la que llamó «Protógrafo» que mecanografiaba cinco copias a la vez de un mismo documento. También mejoró los diseños de las máquinas de escribir adaptando las teclas para que fueran más cómodas de teclear para las mujeres que llevaran las uñas largas, o también reduciendo el ruido que hacían cuando se escribía. ¡Una genia de la invención, también para las oficinas!

Todos estos son solo unos pocos inventos de todos los que hizo realidad la imaginativa e incansable Beulah, que se convirtió en toda una leyenda en Nueva York y consiguió vivir de sus inventos en una época donde muchas mujeres no podían ni soñar en trabajar en lo que más les gustaba. Pero, aparte de inventar, a Beulah también le encantaba pintar y escribir y ayudar a los refugios de perretes y otros animales. Era una tipa bastante genial, la verdad. Formaba parte de todo tipo de asociaciones científicas, ecologistas y feministas, así que nunca paró quieta, y su último invento (un método para hacer sobres de cartas en distintas formas) *lo llevó a cabo cuando ya era una viejecita de 83 años de edad.*

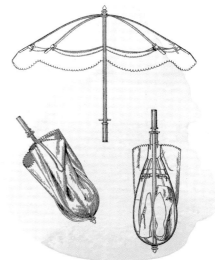

Inge Lehmann

La sismóloga que nos llevó al centro de la Tierra

Fecha y lugar de nacimiento
13 de mayo de 1888 (Copenhague, Dinamarca).

Su mayor logro
Descubrir lo que hay realmente en el centro de la Tierra.

Su lema
«Deberías conocer a muchos hombres incompetentes con los que he tenido que competir… en vano.»

Cópiale
El mundo es más fascinante si lo descubres por ti misma.

Julio Verne ha pasado a la historia por sus increíbles novelas, como *La vuelta al mundo en ochenta días* y *Viaje al centro de la Tierra*. Pero fueron dos mujeres las que desmontaron las ideas que allí escribió (que muchos fans creían ciertas) y volvieron a demostrar que la realidad supera siempre con creces a la ficción. Si la fascinante *Nelly Bly* consiguió dar la vuelta al mundo más rápido que Phileas Fogg en *La vuelta al mundo en ochenta días* (tal y como os explicamos en *Las chicas son guerreras*), *Inge Lehmann* desmontó *Viaje al centro de la Tierra* descubriendo lo que se escondía en realidad en el interior de nuestro planeta.

Y es que Inge, desde muy pequeña, estaba fascinada por el lugar en el que vivimos, tanto por la superficie que pisamos como por todos los secretos que la Tierra esconde en su interior. Tuvo la suerte de poder acudir a una escuela donde los niños y las niñas iban juntos a clase y hacían todas las actividades por igual. Esto ahora nos parece normal, claro, pero pensad que en el siglo XIX era muy muy raro, y a las chicas no les permitían estudiar las mismas asignaturas que a los chicos y, muchísimo menos, hacer las mismas actividades físicas. *Menuda tontería. ¡El conocimiento es un derecho universal para todo el mundo, y punto!*

Inge sacó la nota más alta para acceder a la universidad y decidió estudiar matemáticas, química y física. Cosas facilitas, vaya, y encima todas a la vez. Al acabar las tres carreras, Inge se tomó un tiempecito sabático para poder asimilarlo todo bien. Cuando estuvo lista, volvió con fuerza a la Universidad de Copenhague para trabajar en el departamento de sismología del profesor Niels Norlund, quien la mandó a montar una red de observatorios sísmicos en Dinamarca y Groenlandia.

No era una tarea fácil. Sabéis que, cuando se produce un terremoto, todo empieza a temblar y da muchísimo miedo. Pero Inge estaba segura de que, para descubrir cómo era el interior de nuestro planeta, tenía que estudiar a fondo cómo se producían los terremotos. Tras uno muy grave que tuvo lugar en Nueva Zelanda en 1929, Inge se puso como una loca a analizar todos los datos que recogían las máquinas que medían la fuerza de los terremotos. Observó las diferencias en la velocidad y la dirección de unas ondas conocidas como «P» en el registro sismológico cuando llegaban al centro de la Tierra, detectando una discontinuidad entre las dos partes del núcleo terrestre. Visto esto, llegó a la conclusión de que el interior de la Tierra tenía que ser una mezcla de sólido y líquido. Esta discontinuidad pasó a llamarse «discontinuidad de Lehmann» en honor a Inge.

En 1936 publicó su trabajo titulándolo simplemente *P*, y allí explicaba, a partir de sus estudios sísmicos, que el núcleo terrestre estaba formado por dos partes: una esfera interna de hierro sólido y una capa de hierro líquido que la envolvía. Lo que decía Inge es que el núcleo sólido flotaba libremente rodeado del líquido, como si fuera otro pequeño planeta dentro del nuestro, pero a una temperatura de miles de grados. El descubrimiento fue de gran importancia, ya que, hasta entonces, los científicos creían que el interior de la Tierra era todo líquido, tipo lava ardiendo. Y ellos todavía iban más o menos encaminados. La gente normal directamente creía que la Tierra era hueca como una caverna gigantesca en la que había océanos y toda clase de criaturas viviendo allí, como decía Julio Verne en *Viaje al centro de la Tierra*.

Gracias a Inge, ahora sabemos que el centro de la Tierra es un núcleo sólido. Que es sólido por la presión que ejercen las otras capas sobre él, que está formado por una aleación de hierro y níquel, que tiene un radio de 1200 kilómetros (un poco más pequeño que la Luna) y que ¡tiene la misma temperatura que la superficie del Sol! O sea, achicharramiento máximo. Gracias a sus descubrimientos en el campo de la geofísica, en 1971, Inge ganó la Medalla William Bowie, la máxima distinción que otorga la Unión Geofísica Americana, convirtiéndose así en la primera mujer en la historia en recibir este premio bien merecido.

Inge también logró ser la primera jefa del departamento de sismología del Real Instituto Geodésico Danés, un cargo que ocupó durante 25 años, hasta que se retiró. Podríamos pensar que este retiro era para jubilarse, pero nada más lejos de la realidad. ¿De verdad creéis que una científica como Inge se había cansado de investigar? Lo que hizo Inge fue simplemente dejar atrás todo el trabajo burocrático para poder dedicarse a lo que realmente le gustaba: investigar. Se fue a Estados Unidos y Canadá, donde siguió estudiando y publicando artículos sin parar. Pensad que al publicar su último artículo ya tenía ¡99 años! Al año siguiente el Instituto Geodésico montó una fiesta por todo lo alto para celebrar los 100 años de Inge, que fallecería plácidamente a los 104 años, *convirtiéndose en una de las científicas más longevas de la historia.*

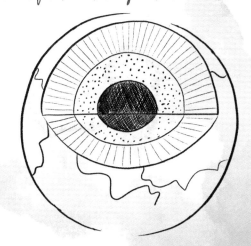

Barbara McClintock

La botánica que conocía los genes mejor que nadie

Fecha y lugar de nacimiento
16 de junio de 1902 (Hartford, Estados Unidos).

Su mayor logro
Descubrir que los genes pueden cambiar su posición a voluntad.

Su lema
«Si sabes que estás en el buen camino, nadie puede apagarte… no importa lo que digan.»

Cópiale
Si sabes que tienes la razón, que no te importe lo que piensen los demás.

Eleanor McClintock fue la tercera de los cuatro hijos de un médico de Connecticut, pero cuando tenía unos 3 años, sus padres decidieron cambiarle el nombre, ya que consideraban que Eleanor era un nombre demasiado femenino y delicado y su hija era una niña fuerte e independiente. Por esa razón, decidieron que el nombre de Barbara le pegaba mucho más. No se equivocaban.

Cuando Barbara estaba en el instituto descubrió dos cosas importantísimas: que amaba la ciencia por encima de todo y que prefería estar sola que mal acompañada.

Aunque su madre prefería que se casase con un hombre rico y dejase de estudiar tanto, Barbara pudo licenciarse en Botánica en la Universidad de Cornell gracias a la insis-

tencia de su padre. Fue allí donde quedó fascinada para siempre por la genética. Su primer profesor en la materia quedó impresionadísimo y le pidió a Barbara que se graduara en Genética y nunca más abandonara su búsqueda de los misterios de los cromosomas y el ADN.

Y es que nuestro ADN no es poca cosa. El ADN determina cómo será, por ejemplo, el color de nuestros ojos o de nuestro pelo, y millones de cosas más sobre nuestro cuerpo y nuestro comportamiento. Es, básicamente, un libro de instrucciones dentro de nuestras células. Un libro escrito solo con cuatro letras la A, la C, la G y la T, las iniciales de los cuatro tipos de bases hallados en una molécula de ADN: adenina, citosina, guanina y thimina.

Como estudiar el ADN de los seres humanos así a lo grande es bastante complicado, los investigadores suelen fijarse en otro mucho más sencillo que permita sacar conclusiones más rápidamente. Barbara, que tenía conocimientos de botánica y citogenética, se centró en estudiar el ADN del maíz (sí, el de las palomitas) cuyo libro de instrucciones tenía, evidentemente, muchas menos páginas que el de los humanos. Y avanzó muy rápidamente. Tanto, que enseguida se hizo

muy reconocida en la comunidad científica y sus descubrimientos influenciaron a estudiantes de genética de todo el mundo, apareciendo en todos los libros de texto. Universidades de todo el mundo se la rifaban y le daban todo tipo de becas, como la de la Fundación Guggenheim o la Fundación Rockefeller. *Gracias a ellas pudo seguir investigando más y con mejores medios todos los misterios del ADN del maíz, que son muchos aunque parezca un simple cereal.*

En 1944 fue la primera mujer aceptada en la Academia Nacional de Ciencias y se convirtió también en la presidenta de la Sociedad Genética de América. Barbara era guerrera en el laboratorio, pero también en las aulas era considerada una profesora rebelde para su época: no solo llevaba siempre pantalones (malota total), sino que además le encantaba pasar tiempo con sus estudiantes y trabajar con ellos. Básicamente, disfrutar de su trabajo. Madre de Dios, qué atrevimientos.

En 1951, mientras leía y releía las cadenas de letras del ADN, Barbara descubrió algo muy curioso. Si el texto del ADN ya está escrito y las cuatro letras son las que son y no se pueden cambiar, debería haber poca variación. Pero no, Barbara se dio cuenta de que entre las miles de letras del ADN había unas cuantas que cambiaban su posición alegremente. Estos genes saltarines se acabarían llamando «transposones». Y ojo, que aunque el nombre suene a dibujo animado, es un fenómeno muy serio, porque si las letras cambian de lugar, también lo hacen las instrucciones que llevan. Y esos saltos tienen consecuencias reales; si cambian las instrucciones de nuestro ADN de golpe podríamos ser rubios y no morenos y quizá el maíz podría ser más peludito o tener granos más grandes.

Este descubrimiento de Barbara era tan innovador que, como os podéis imaginar, el resto de los investigadores dijeron que era imposible y que las instrucciones del ADN no se podían cambiar de esa forma tan caprichosa como sugerían sus estudios. Barbara publicó todos sus descubrimientos en 1953 en un estudio llamado *Genetics*, pero al ver la hostilidad de la comunidad científica ante sus ideas decidió que no iba a publicar nunca más y que se dedicaría simplemente a hacer lo que más le gustaba, que era investigar. Qué más daba que los demás no reconociesen la verdad si ella estaba segura de que la

sabía. Eso era lo único que le importaba a Barbara. Ella nunca se rindió y siguió a lo suyo descubriendo más sobre genética de lo que lo haría nunca nadie. El tiempo ya se encargaría de darle la razón.

Casi 20 años después de sus descubrimientos sobre los genes saltarines, el mundo tuvo que darle la razón a Barbara cuando unos genetistas franceses demostraron que todas sus teorías eran ciertas. Por todo ello, a Barbara le concedieron el Premio Nobel de Medicina en 1983, 30 años después de su descubrimiento, y se convirtió en la única mujer de la historia en ganar el Nobel de Medicina en solitario. Un pelín tarde pero, bueno, no nos vamos a quejar a estas alturas. *¡Vaya genes que tenía Barbara!*

Grace Hopper

La matemática que creó un lenguaje para hablar con los ordenadores

Fecha y lugar de nacimiento
9 de diciembre de 1906 (Nueva York, Estados Unidos).

Su mayor logro
Crear el lenguaje informático conocido como Cobol.

Su lema
«Si es una buena una idea hazlo, es más fácil pedir perdón que pedir permiso.»

Cópiale
No le tengas miedo al cambio, atrévete.

En casa de Grace no había un solo reloj al que ella no hubiera destripado y vuelto a montar para ver cómo funcionaba por dentro. La pequeña Grace también amaba la literatura y las lenguas, podías encontrarla siempre con un libro en las manos. Seguramente por eso llegó con rapidez a la conclusión de que la mejor forma de comunicarse con las máquinas era precisamente así, usando un lenguaje. Ahora solo tenía que inventárselo.

Tras doctorarse en Matemáticas en la Universidad de Yale, siendo una de las primeras mujeres en conseguirlo, Grace empezó a dar clases en el Vassar College. Pero necesitaba acción en su vida porque se aburría enseguida de hacer cada día lo mismo, así que, cuando estalló la Se-

gunda Guerra Mundial, se divorció, abandonó su puesto como profesora y, con 36 años de edad, se alistó en la Marina estadounidense. Hala, a ver mundo. Tuvo que pedir un permiso especial, porque entre otras cosas era demasiado bajita para los mínimos de la Marina, pero sus increíbles conocimientos matemáticos eran algo que nadie podía rechazar. El país la necesitaba.

Allí no solo vivió aventuras, demostrando que tenía muchísimo carácter y que no se dejaba asustar por estar sola en un mundo —hasta entonces— solo de hombres, sino que entrenó en la Escuela de Guardiamarinas de la Reserva Naval y se licenció con la nota más alta de su promoción, convirtiéndose así en la teniente Hopper. Impresionante, ¿eh? Con este nuevo rango, la destinaron a Harvard para trabajar en el Mark I. Un superordenador diseñado para solucionar problemas militares. Bueno, llamar ordenador a Mark I quizá sea un poco confuso, porque no se parecía demasiado a los ordenadores que usamos hoy en día. Mark I era gigantesco, ocupaba toda una habitación entera y encima era increíblemente ruidoso. Y aunque cualquier smartphone actual es miles de veces

más rápido y potente que el Mark I, en aquella época esa maquinota era algo casi sobrenatural.

Tan sobrenatural que programarlo era un trabajo largo, difícil y aburridísimo. Pero dado que Grace tenía muchísima experiencia con las ecuaciones matemáticas y era capaz de traducir problemas reales del mundo en números como si estuviera traduciendo de un idioma a otro, usó todos sus conocimientos para crear el que sería el primer manual de programación de la historia. *Un tocho de 500 páginas donde explicaba cómo comunicarse con Mark I.*

Para poder hacerlo, Grace había ido desarrollando un lenguaje universal que no solo serviría para hablar con Mark I, sino con cualquier ordenador del mundo, al que llamó COBOL (*COmmon Business-Oriented Language*). Antes de que ella crease el COBOL, la única forma de programar un ordenador era escribiendo todas las instrucciones mediante ceros y unos. Por eso, imaginaos el trabajazo que tenían todos antes de que Grace les salvase la vida porque tenían que escribir cientos y cientos de páginas llenas de ceros y unos. Con el COBOL, sin embargo, bastaban unas simples órdenes para hacer lo mismo. Ella siempre bromeaba con que había inventado el COBOL porque en el fondo era una vaga y le daba muchísimo palo tardar tanto tiempo en programar un ordenador. Si no fuera por Grace, pues, instalar un simple sistema operativo como Windows nos podría llevar toda una vida. Así que desde aquí, ¡gracias, Grace!

Gracias a ella también conocemos a los errores de uso de los ordenadores como «bugs» (bichos), y es algo mucho más literal de lo que la gente se piensa. Al parecer, una noche, mientras trabajaba en Mark I descubrió que algo andaba mal en su interior. Al abrirlo, descubrió una polilla muerta entre los circuitos. Aquel «bicho» era el que provocaba el mal funcionamiento del ordenador, y se hizo tan famoso para la historia de la informática que lo tienen guardado en el Museo Nacional de Historia Americana del Instituto Smithsonian, en Washington D.C.

Con casi 80 años, Grace se jubiló siendo la oficial más anciana de las fuerzas navales de Estados Unidos y una de las pocas almirantes mujeres en la historia de la Marina. Grace se atrevía con todo y tenía siempre una bandera pirata en su despacho para recordarle a todo el mundo que ella no se detenía ante nada para conseguir lo que quería. A pesar de que recibió más de 40 premios a lo largo de su vida, seguramente el más extraño fue el de Hombre del Año, en 1969. Sin duda, Grace merece el de hombre, mujer, animal, vegetal y mineral, del año y del milenio. *Si alguien puede, es ella.*

Rita Levi-Montalcini

La neuróloga que descubrió cómo se desarrollaba nuestro cerebro

Fecha y lugar de nacimiento
22 de abril de 1909 (Turín, Italia).

Su mayor logro
Descubrir el factor del crecimiento nervioso del cerebro.

Su lema
«No temas los momentos difíciles. Lo mejor viene de ellos.»

Cópiale
Ten siempre hobbies y mantén tu cerebro lleno de curiosidad.

¿Has oído alguna vez que el cerebro es también un músculo? Pues es verdad. Y Rita lo sabía mejor que nadie, pues se pasó toda la vida estudiando los misterios que ocultaba este órgano. De hecho, sus descubrimientos fueron tan alucinantes que hasta los progresos que se han hecho para curar graves enfermedades como el párkinson y el alzhéimer se deben a ellos.

Desde bien pequeña, Rita soñaba con estudiar mucho y convertirse en una gran científica. Por su cabeza nunca pasó la idea de casarse o de tener hijos, dado que ella quería ser libre como el viento y no tener que responder nunca ante nadie. Para ella lo más importante era aprender cosas nuevas y ayudar al mundo con sus investigaciones. Por eso

quería ser médica, para poder ayudar a los que más lo necesitaban. Pero no fue un camino fácil, para empezar su familia quería que se casara y fuera ama de casa. Pero es que, además, como no tenía dinero para pagarse la universidad, tuvo que ponerse a trabajar en una panadería… y ¡era alérgica a la levadura! O sea que imaginaos la determinación que tenía Rita por estudiar, tocando pan todo el día. ¡Nada iba a detenerla!

Con 20 años, ya había ahorrado lo suficiente como para matricularse en la Escuela de Medicina de Turín, donde finalizó la carrera de medicina y cirugía, con las notas más altas *ever*.

Entonces empezó su especialización en neurología y psiquiatría, pero al cabo de un tiempo, Mussolini, el horrible dictador que gobernaba Italia, publicó su *Manifiesto por la defensa de la raza* y prohibió ejercer cualquier carrera académica o profesional a todos los que no fuesen de raza aria. Como Rita era judía tuvo que abandonar sus investigaciones.

Para vivir lejos del radar de Mussolini, Rita se montó su propio laboratorio clandestino en su habitación. Y se puso a estudiar el crecimiento de las fibras nerviosas en embriones de pollo. Para poder hacerlo, pedía huevos a granjeros de la zona y diseccionaba los sistemas nerviosos de sus pollitos con agujas de coser. Así descubrió cómo crecían y morían las neuronas motoras, que fue lo que le sirvió de base para todas las futuras investigaciones de su carrera.

Una vez acabada la Segunda Guerra Mundial, pudo volver a su puesto en la Universidad de Turín, pero no tardó en recibir una oferta para ir a la Universidad de Washington, en San Luis. El famoso zoólogo y embriólogo Viktor Hamburger había escuchado muchas cosas sobre las investigaciones secretas de Rita y quería comprobar si todo era cierto. Y para allá que se fue Rita, pensando en quedarse como máximo doce meses. Pero los resultados de las investigaciones fueron tan buenos y le llegó tanto trabajo, que acabó quedándose allí más de 30 años. De hecho, fue profesora en la Universidad de Washington hasta su jubilación. Sí que debía de estar a gusto, sí.

En San Luis desarrolló su trabajo sobre el factor de crecimiento nervioso, por el que consiguió el Premio Nobel de Medicina. Un día, mientras aprendía a cultivar tejidos en una placa de Petri, Rita observó que la muestra de tumor que estaba toqueteando estaba afectando a los nervios de las células embrionarias que tenía en la misma placa, que estaban empezando a crecer superrápido. Lo que acababa de descubrir Rita era cómo unas proteínas, las llamadas «factores de crecimiento neuronal», contribuyen al desarrollo de las neuronas y las conexiones que se forman entre ellas. Este descubrimiento fue superimportante para entender y luchar contra muchas enfermedades neuronales. Si sabes cómo crecen, estás más cerca de saber cómo detenerlas.

Rita fue también una gran defensora del feminismo, y creía firmemente en que las mujeres podían ser perfectamente autosuficientes y felices sin tener un hombre al lado. Cada vez que le preguntaban por qué nunca se había casado, por absurda que sea la pregunta, a ella le encantaba, ya que podía responder con una de sus frases favoritas: «¡Yo soy mi propio marido!». También creía que lo más importante del mundo era la educación, y le preocupaba mucho que hubiese gente en el mundo que no podía acceder a ella. Por esa razón, Rita creó la Fundación Levi-Montalcini, con la que entregó miles de becas para que mujeres africanas pudiesen estudiar.

A Rita le llovieron premios por todas partes. Normal. Entre ellos tres doctorados *honoris causa,* y en Italia, donde en otro tiempo le prohibieron trabajar, la hicieron senadora vitalicia, pues se convirtió en toda una heroína nacional. Rita falleció a los 103 años de edad, y se mantuvo activa y lúcida hasta el último día, *porque su cerebro era su mejor órgano y le gustaba ejercitarlo al máximo.*

Dorothy Crowfoot Hodgkin

La bioquímica que descubrió la estructura de la penicilina ¡y la insulina!

Fecha y lugar de nacimiento

10 de mayo de 1910 (El Cairo, Egipto).

Su mayor logro

Descubrir la estructura de la penicilina, la insulina y la vitamina B12.

Su lema

«Obtener el primer difractograma de los cristales de insulina fue uno de los logros más emocionantes de mi vida, solo comparable a cuando descifré su estructura.»

Cópiale

Si trabajas en lo que te apasiona, no parece que sea trabajo.

Los padres de Dorothy eran arqueólogos funcionarios del imperio británico que viajaban por todo el mundo, así que creció con un pie en Londres y el otro en un montón de países exóticos donde visitaba a sus padres siempre que podía. Fue en una visita a Sudán, cuando Dorothy se enamoró de la química al practicar con un kit de análisis de minerales de un amigo de sus padres. A su vuelta al colegio en Londres, pidió que le dejasen estudiar química.

Un día, su madre le regaló el libro *Sobre la naturaleza de las cosas*, de William Henry Bragg, que trataba sobre cómo la difracción de rayos X servía para estudiar las intimidades de cualquier cristal o mineral. El libro le hizo darse cuenta

de que esos cristales que recogía no solo eran bonitos, sino que resultaban muy útiles si se estudiaban los átomos y las moléculas individuales que los componían.

Como no podía ser de otra manera, cuando terminó la escuela, Dorothy tuvo claro que quería estudiar química en la Universidad de Oxford y, a pesar de tener que aprender latín superrápido para poder entrar y tener que enfrentarse con varios profesores de Oxford machistoides que no dejaban entrar a chicas en sus clases, *Dorothy se graduó en 1932 con las notas más altas de su promoción, convirtiéndose además en una de la primeras chicas en conseguir un grado de Ciencias en Oxford.*

Pero Dorothy no había tenido suficiente, su cuerpo le pedía más química, así que decidió acudir a un laboratorio de Cambridge y convertirse en la ayudante de John Desmond Bernal, quien estaba estudiando la estructura de sustancias que influían en nuestro cuerpo, como el colesterol o la vitamina D. La única manera de hacerlo era usando la dificilísima técnica de la cristalografía de rayos X. Se preveía que podían tardar meses, incluso años, en llegar a alguna conclusión. Pero Dorothy dominó la técnica en un tiempo récord. ¡Su amor por los cristales le resultó bien útil!

Cuando Dorothy se doctoró le preocupaba tener que empezar a trabajar en un laboratorio donde no la trataran tan bien como Bernal debido a su condición de chica. Así que decidió montar su propio laboratorio donde ella dictara las normas. A pesar de lo caro que era, consiguió el dinero suficiente para hacerlo realidad y lo instaló en los sótanos del museo de la universidad. Allí, en su sótano querido, rodeada de cables y esqueletos de todo tipo de especies, Dorothy se convirtió en la persona de referencia si necesitabas que te encontrasen la estructura de algún tipo de molécula complicada y empezó a ser conocida como *«la mujer más lista de Inglaterra».* Y, qué queréis que os digamos, no era ninguna exageración.

Después de tener su primer hijo, Dorothy contrajo una enfermedad incurable que le afectaba a los huesos y le deformó las manos, pero ya se había enfrentado a muchas dificultades y no iba a permitir que eso la frenase. Así que buscó la manera de que le adaptaran los instrumentos del laboratorio para poder seguir usándolos. Y vaya si lo hizo. Con más determinación que nunca, realizó uno de los mayores descubrimientos de su época: la estructura de la penicilina. Alexander Fleming había descubierto, por casualidad, esta sustancia que se obtenía de un hongo y que podía salvar las vidas de millones de personas que sufrieran una infección. Sin embargo, para poder salvar a todo el mundo, no se podía esperar a que el hongo desarrollase las bacterias necesarias para su fabricación, así que tenían que conseguir poder crear la penicilina desde cero en el laboratorio. Y ahí es donde entró Dorothy. *Ella consiguió dar con la clave, salvando así la vida de millones de personas.*

Después de esto, se podría haber tomado un respiro para disfrutar del éxito. Pero esta chica era incansable; continuó trabajando en el análisis de la estructura de otra sustancia enigmática, la vitamina B12, una vitamina esencial para el funcionamiento del cerebro y también para la formación de la sangre en el cuerpo. Dorothy se asoció por aquel entonces con estudiantes de la Univer-

sidad de UCLA para crear un programa informático que pudiese ayudarles a mapear las estructuras moleculares más rápido y, en 1956, consiguió resolver la estructura de la vitamina B12, la más compleja de todas las vitaminas. Por esto y por otros importantes descubrimientos, en 1964 le concedieron el Premio Nobel de Química.

¿Creéis que Dorothy se retiró al ganar el Nobel? ¡Pues no! ¡Ni por esas! Tiempo más tarde, descubrió la estructura de la insulina, lo que también mejoraría la vida de millones de personas diabéticas en todo el mundo. *Una superguerrera de la química esta Dorothy.*

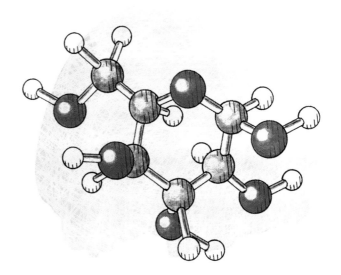

María Teresa Toral

La química antifascista

Fecha y lugar de nacimiento
20 de mayo de 1911 (Madrid, España).

Su mayor logro
Unir ciencia y arte del mismo modo magistral.

Su lema
«La obligación del artista (y de la científica) es buscar nuevos medios y abrir nuevos caminos.»

Cópiale
Lucha siempre por tus ideales.

María Teresa tuvo la suerte de nacer en una familia acomodada y culta, y en casa siempre dispuso de muchos libros en los que aprender toda clase de cosas. A María Teresa le gustaba escribir, dibujar y estudiar música, y encima tocaba muy bien el piano. Con el tiempo, llegó a dominar hasta cinco idiomas diferentes, y como era inteligentísima, se convirtió en la primera universitaria de la familia. Su padre quería que estudiara una carrera con futuro para una mujer como podía ser la de farmacia, pero María soñaba con aprender química como Marie Curie, fuera práctico o no para su sexo. Así que, ¿qué hizo para no desilusionar a su padre? ¡Pues estudiar las carreras de Farmacia y Ciencias Químicas a la vez! Claro que sí.

A pesar de todo el trabajo que le llevó y lo duro que era para ella soportar muchas veces el menosprecio de los chicos de la universidad por ser una chica (brrr), terminó ambas carreras en 1933 con sobresaliente y Premio Extraordinario. Así que no es de extrañar que poco después de acabar, y a pesar de ser una chica, le propusieran formar parte de un equipo de investigadores del Instituto Nacional de Física y Química, liderado por Enrique Molas, uno de los científicos más importantes de la época.

Juntos se hicieron famosos en el mundo entero por su exhaustividad a la hora de determinar los pesos moleculares y atómicos. Esto era muy importante, porque para crear cualquier reacción química se necesita saber la cantidad exacta de componentes que deben mezclarse. María Teresa, además, como era muy manitas, se construyó ella misma todos los equipos de vidrio necesarios para este trabajo, que debían ser muy precisos para que no hubiera fugas de líquidos o gases. Además de dedicarse a sus investigaciones, a María Teresa también le daba tiempo a publicar muchísimos artículos en las revistas científicas y rápidamente le ofrecieron una beca para continuar sus investigaciones en Londres, pero por culpa de la Guerra Civil española, sus planes se frustraron. En esa época, en España te castigaban por mostrar ideas políticas contrarias a las impuestas. Como María Teresa y muchos de sus compañeros científicos se posicionaron del lado de los republicanos, al acabar la guerra los franquistas la detuvieron y la condenaron a 12 años de cárcel acusándola de haber fabricado armas para los republicanos en su laboratorio.

Las condiciones en aquella cárcel eran inhumanas. Tenía capacidad para 600 personas, pero encarcelaron en ella a 5000. Hacía mucho frío, se pasaba hambre, y muchas reclusas morían por no recibir atención médica. Pero gracias a sus conocimientos, María Teresa ayudaba a curar a otras prisioneras, o las distraía dando clases de idiomas. Los únicos momentos que se dedicaba a sí misma era cuando dibujaba cosillas para adornar los libros de la biblioteca. Como los hijos de las reclusas sólo podían estar con sus madres hasta los 3 años, María Teresa también ayudó a falsificar las fichas para que no figurara la edad real y los niños pudieran estar más tiempo junto a ellas. *Una crack, María Teresa.*

María Teresa fue liberada antes de terminar su condena, pero le prohibieron seguir trabajando en el laboratorio y se vio obligada a alejarse de sus investigaciones. Su madre le puso una farmacia, y la opción fácil habría sido retirarse en ella y ganarse la vida sin levantar más sospechas. Pero María Teresa decidió convertir su farmacia en un centro de reuniones secreto de otros rebeldes para seguir luchando contra el Régimen. En 1945, el que era su novio (!!!) la denunció a los franquistas y volvieron a meterla en la cárcel. Esta vez, sin embargo, fue todo todavía más terrible, y durante el juicio, quisieron condenarla a pena de muerte.

El futuro de María Teresa hubiera sido fatídico si no llega a ser por toda la gente que exigió la liberación de esa genia de la química. El régimen franquista recibió miles de cartas y telegramas de protesta, y en el juicio que se celebró contra María Teresa asistieron personajes tan influyentes como la premio Nobel de Química Irene Joliot-Curie, hija de su admiradísima Marie Curie. Nadie entendía aquella injusticia. Gracias a toda esa presión, y a pesar de que no la liberaron enseguida, se libró de la pena de muerte.

Cuando finalmente logró salir de la cárcel, decidió que ya era hora de abandonar aquella España fascista y se fue a vivir a México, donde logró construirse una nueva vida desde cero. Allí, además de seguir dando clases de química, volvió a dar rienda suelta a su amor por el dibujo. Como María Teresa era muy precisa con sus manos, aprovechó esa habilidad extraordinaria para hacer grabados preciosos, *y se convirtió así en una de las artistas grabadoras más reconocidas de México.*

María Teresa no volvió a pisar España hasta que murió Francisco Franco. Como homenaje a todas las presas que compartieron sufrimientos con ella y a todas aquellas que no vivieron para contarlo, decidió hacer una exposición con sus obras en la cárcel donde había sido encerrada y así convertir un espacio que había sido de sufrimiento en un espacio de *creatividad y esperanza.*

Chien-Shiung Wu

La gran dama de la física

Fecha y lugar de nacimiento
31 de mayo de 1912 (Liuhe, China).

Su mayor logro
Ser una pieza fundamental en el desarrollo de la bomba atómica.

Su lema
«Siempre he sentido que en la física debe haber un compromiso total. No es sólo un trabajo, es un modo de vida.»

Cópiale
Defiéndelo como si tu vida dependiera de ello.

Imaginad que nos transportamos al pequeño pueblecito de Liuhe en mitad de China, cerca de Shanghái. Y que estamos en 1912, al año que nació Chien-Shiung. En aquel lugar y en aquel momento ninguna mujer se hubiera planteado estudiar y mucho menos ciencia, porque las mujeres eran educadas básicamente para servir a los hombres y cuidar de la familia. Sin embargo, el padre de Chien-Shiung, que era ingeniero, creía que las personas debían estudiar lo que quisieran, fueran chicos o chicas. Por esa razón, luchando contra viento y marea, fundó la primera escuela para niñas de toda China y allí acabó estudiando, obviamente, Chien-Shiung.

Después de estudiar muchísimo, logró ser aceptada en la Universidad de Nanjing, que era la más importante de todo el país y que hasta entonces no admitía a chicas. Para obtener su plaza en la universidad, Chien-Shiung participó en las luchas estudiantiles de 1930 para que se abrieran las puertas a las mujeres, plantándose en la mansión del presidente de su país dispuesta a quedarse allí hasta que le permitieran estudiar. Eso fue toda una hazaña en un país y una época, donde las mujeres no pintaban casi nada en la vida pública china y solo se esperaba de ellas que estuviesen en casa y fuesen muy monas. Pensad que hasta tenían la costumbre de vendarles los pies a las chicas para que fueran pequeños y bonitos (superterrible).

Chien-Shiung se licenció en Física y se acabó convirtiendo en profesora universitaria. Pero sus ganas locas de aprender no terminaron ahí: lo que más llamaba la atención del mundo eran los últimos estudios sobre el átomo que se estaban llevando a cabo en Estados Unidos. Le quedaba lejos, sí, pero a ella el tema le fascinaba. Así que solicitó una plaza en la Universidad de Míchigan, y consiguió una beca para dedicarse a investigar allí. Pero antes de ir a Míchi-gan, Chien-Shiung hizo una parada técnica y visitó a un amigo que vivía en Berkeley. ¡Ay! Y allí se le cambió el rumbo previsto, porque se enamoró de Luke Chia Yuan, quien se dedicó a enseñarle los laboratorios de física y le presentó al profesor Ernest O. Lawrence, el responsable de construir el primer acelerador de partículas (una máquina alucinante para descubrir los secretos de los átomos). Entre ambos la convencieron de quedarse a estudiar allí.

Al poco tiempo, Chien-Shiung ya se había convertido en una leyenda en Berkeley al ser la mayor experta en fisión nuclear (la reacción donde el núcleo del átomo se divide en dos generando energía). Muchos la empezaron a llamar «la Autoridad». Ser tan buena, y llevar un apodo tan molón, le dio acceso a participar en el famoso Proyecto Manhattan, que nació en la Segunda Guerra Mundial con la finalidad de que Estados Unidos consiguiera desarrollar la primera bomba atómica. Es un proyecto bastante terrible si lo piensas detenidamente, pero la intención era desarrollarlo antes de que lo lograra la Alemania nazi para poder pararle los pies. Todo iba viento en popa hasta que Estados Unidos entró también en guerra con los japoneses. Y, a pesar de no ser japonesa, debido a sus rasgos orientales, muchos despreciaron a Chien-Shiung (ya sabéis que la gente es muy ignorante) y, finalmente, la acabaron apartando del proyecto aunque había sido una de las piezas fundamentales. ¡Los muy paranoicos incluso llegaron a decir que colaboraba con el enemigo!

Para evitar más conflictos, se mudó con Luke a la otra punta del país, donde este empezó a trabajar en la Universidad de Princeton. Ya en el Costa Este, ella encontró trabajo como profesora en un colegio femenino de Northampton, pero como Luke trabajaba bastante lejos, solo se podían ver los fines de semana. Como estaba muy triste, cuando Chien-Shiung coincidió en una conferencia con el profesor Lawrence no dudó en pedirle ayuda para que la admitieran como profesora en Princeton. De este modo se convirtió en la primera mujer profesora de física de la universidad.

Una vez allí, volvió a brillar y pudo continuar investigando en nuevos proyectos importantes. En 1956, por ejemplo, colaboró con Tsung Dao Lee y Chen Ning Yan para demostrar que una de las leyes más importantes de la física estaba equivocada: la ley de la paridad. En 1957, Lee y Yan recibieron el Premio Nobel de Física por sus descubrimientos, pero nadie reconoció el trabajo de Chien-Shiung. ¿Os creéis que eso la desanimó? ¡Para nada! Continuó investigando y entregándose a fondo en cada proyecto en el que se metía. Los reconocimientos que merecía llegaron poco a poco, como ser nombrada la primera mujer presidenta de la Sociedad Americana de Física, en 1975.

Y, a pesar de que no todo el mundo conoce los avances maravillosos que hizo Chien-Shiung Wu en el mundo de la física, un asteroide lleva su nombre desde 1990, para que Chien-Shiung viaje por todo el universo rodeada de estrellas por siempre jamás. *Como la superjefa que es.*

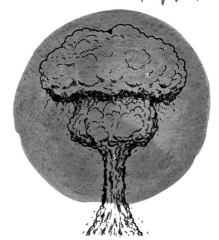

Gertrude Elion

La farmacóloga que revolucionó el desarrollo de medicamentos

Fecha y lugar de nacimiento

23 de enero de 1918 (Nueva York, Estados Unidos).

Su mayor logro

Crear medicamentos para tratar un montón de enfermedades.

Su lema

«Nada en la vida llega fácilmente, así que trabaja duro.»

Cópiale

No abandones. Nunca.

Hoy en día no nos imaginamos el mundo sin medicamentos. Pero a nadie se le escapa que para poder crear un nuevo medicamento se requiere de muchísimo esfuerzo, tiempo y dinero. Y, a veces, ni siquiera teniendo todo esto das con la tecla que te permite curar determinada enfermedad. Gertrude B. Elion logró crear no un único medicamento, sino un método para desarrollar muchos y como consecuencia de ello hizo nuestra vida sea ahora mucho más fácil.

Gertrude SIEMPRE fue una niña muy curiosa, que era una esponja a la hora de aprender. Siendo adolescente, su querido abuelo murió de cáncer de estómago, y su muerte le dolió tantísimo que Gertrude decidió que iba a ser científi-

ca y concentraría sus esfuerzos en encontrar una cura a la enfermedad que se lo había llevado. Así que se prometió a sí misma que encontraría la cura para que nadie más sufriera como ella.

Se lo tomó tan en serio que a los 15 años ya estaba en la universidad para estudiar química. Gracias a su supercerebro había conseguido acceder dos años antes que el resto de los estudiantes y encima gratis. Peeero cuando terminó la carrera no encontraba trabajo. Era Brillante. Y estaba (muy) preparada. Pero era una chica. En aquella época de crisis económica había mucho paro, y los empresarios preferían contratar a hombres en vez de a mujeres. En una entrevista de trabajo, de hecho, le llegaron a decir que no la querían contratar porque, al ser mujer, podría distraer al resto de los trabajadores hombres. ¿Os lo podéis imaginar? Qué cosa más rancia.

Pero ya sabemos que Gertrude era más decidida que nadie. Así que encontró no uno, sino dos empleos para poder subsistir. Por la mañana, era recepcionista en un centro médico, y por la tarde, daba clases de química y física. Y ¿creéis que los fines de semana descansaba? No, no, no: ¡los dedicaba enteros a estudiar para sacarse el máster de Química!

Su siguiente meta era obtener un doctorado, pero nunca lo consiguió. El chico con el que estaba a punto de casarse sufrió una grave infección bacteriana en su corazón. El chico murió y el dolor fue tan grande que Gertrude no pudo terminar el doctorado. Pero sí se dio cuenta de que, de haber existido un medicamento eficaz, aquella muerte podría haberse evitado, y eso le dio fuerzas para continuar investigando. Puesto que la Segunda Guerra Mundial estaba a punto de estallar, muchos hombres tuvieron que irse a combatir, lo que dejó vacantes en muchos laboratorios. Gertrude aprovechó el momento para ser contratada en el laboratorio de Burroughs Wellcome, como ayudante del farmacólogo George Hitchings.

Rápidamente, Hitchings se percató del talentazo que tenía bajo sus órdenes. Por eso, decidió ascenderla a colaboradora y convertirla en una igual (pues claro que sí). Juntos, trabajando incansablemente en el laboratorio, descubrieron un método para desarrollar toda clase de medicamentos de una forma mucho más rápida y segura: consiguieron que diferenciar las células normales de las que causaban la enfermedad fuera mucho más sencillo, de manera que los medicamentos podían eliminar las segundas sin afectar a las primeras. Acababan de cambiar el curso de la historia de la medicina para siempre.

Aquel descubrimiento, además de salvar la vida de millones de personas, les llevó a ganar el Premio Nobel de Medicina en 1988. Durante todos aquellos años de investigación, lograron sintetizar compuestos como la mercaptopurina, el primer tratamiento eficaz contra la leucemia infantil, o la pirimetamina, un medicamento contra la malaria, así como otros muchos medicamentos para combatir enfermedades como la artritis, la meningitis o la hepatitis. Pensad que solo con el tratamiento que descubrieron para curar la leucemia consiguieron reducir la mortalidad infantil de una manera increíble… ¡imaginad todas las vidas que han salvado con sus descubrimientos! ¡Menudos genios!

Cuando Hitchings decidió jubilarse, Gertrude continuó trabajando en nuevos compuestos que salvaran vidas, como el aciclovir, el primer fármaco antiviral que combatía el virus del herpes. Incluso cuando se retiró del mundo de la empresa, contribuyó con sus conocimientos en el desarrollo del primer fármaco contra el sida.

Gertrude usaba todas sus fuerzas para intentar evitar que más gente muriese innecesariamente si ella podía conseguir un nuevo fármaco y evitar el sufrimiento de la pérdida de alguien querido, como le había pasado a ella. *Dedicó toda su vida a conseguirlo, y podemos decir bien felices y agradecidos que la brillante y obstinada Gertrude cumplió su sueño.*

La química que descubrió la estructura del ADN

Rosalind Franklin

Fecha y lugar de nacimiento
25 de julio de 1920 (Londres, Inglaterra).

Su mayor logro
Fotografiar la estructura del ADN.

Su lema
«La ciencia y la vida cotidiana ni pueden ni deben estar separadas.»

Cópiale
Puedes ser la mejor, incluso cuando nadie cree en ti.

A los 15 años, Rosalind Franklin ya tenía clarísimo que iba a ser científica. Pero, incomprensiblemente, su padre se negaba a que su pequeñina estudiase ciencias, pues creía que eso era cosa de hombres. La humanidad debe agradecerle a la madre de Rosalind que le convenciera y finalmente la mandaron a estudiar a una de las pocas escuelas de Londres donde las chicas tenían permitido estudiar física y química. Fue allí donde se hizo evidente que Rosalind era una crack: no solo fue la mejor de su clase, sino que obtuvo una de las notas más altas de acceso a la Universidad de Cambridge. Lo único que se le daba medio mal en el colegio era la música, hasta el punto de que su profesor llegó a preguntarle a su madre si la niña tenía algún problema en el oído… Se ve que no daba ni una. ¡Nadie es perfecto!

De hecho, Rosalind era tan buena estudiante que ganó una beca para pagarse los tres primeros años de la universidad. Pero la donó toda a los estudiantes refugiados víctimas de la Segunda Guerra Mundial. Como os podéis imaginar, una chica con tanto carácter y empeño, aprobó la carrera de Física y Química en Cambridge sin ningún problema. Y se sacó el doctorado con solo 25 años, analizando la estructura del carbón para mejorar los filtros de las máscaras de gas. Pensad que, en aquellos años, había estallado la Segunda Guerra Mundial, así que las investigaciones de Rosalind no fueron solo teóricas: el carbón es un poderoso filtro y sus descubrimientos ayudaron a proteger a un montón de personas expuestas a los ataques de armas químicas. O sea que, pensara lo que pensase inicialmente su padre, el trabajo de Rosalind fue fundamental para salvar vidas, y aún hoy sigue siendo importante.

Antes de cumplir los 30, Rosalind se fue a París para estudiar cristalografía de rayos X, que es una forma muy curiosa de hacerle fotos a las moléculas, que son cosas demasiado pequeñas como para ser fotografiadas con una cámara normal. Nosotros y todo lo que nos rodea está formado de moléculas, pero el problema es que ¡no paran de moverse! Y, claro, ¿qué pasa cuando le intentas hacer una foto a una cosa que no se está quietecita? Pues que sale borrosa, amigas. *Pero en París Rosalind aprendió una técnica para mantenerlas quietas y que salieran bien nítidas en sus fotos.*

De vuelta a Londres, Rosalind empezó a trabajar en el King's College, que tenía fama de ser un sitio lleno de científicos inteligentísimos. Pero parece que tan inteligentes no eran porque la mayoría eran también unos machistas de tomo y lomo. ¿Os imagináis qué frustración más grande debía sentir Rosalind? Pero, en vez de compadecerse de sí misma, se refugió en su trabajo y en sus sueños de convertirse en la mejor cristalógrafa. Se empeñó tanto que lo logró. Consiguió hacer la foto de la estructura del ADN más nítida que jamás se había hecho. En ella se veía claramente lo que ahora sabemos que es la estructura de doble hélice, ¡que es el secreto de la vida! El código que forma toda la vida de la Tierra, incluida la de los seres humanos, estaba en aquella imagen de Rosalind, la llamada «Foto 51».

Pero este descubrimiento no fue recibido con todos los honores que merecía. En el laboratorio estaba Maurice Wilkins, quien estudiaba también la estructura del ADN y con quien Rosalind tenía enganchadas constantemente. Su relación era tan tensa que en lugar de sumar esfuerzos para descubrir el ADN, cada uno iba por su lado. Llegó un punto en que Rosalind se cansó y decidió pedir el traslado al Birkbeck College. Y ahí es donde se lio de verdad, ya que Maurice, rabioso con Rosalind, le enseñó la Foto 51, su mejor descubrimiento, a la competencia. Y la competencia, a diferencia de sus compañeros, sí supo ver todo el potencial del descubrimiento. James Watson y Francis Crick, que estudiaban lo mismo que ellos pero que nunca habían conseguido una imagen como la de Rosalind, alucinaron.

Watson y Crick empezaron a atar cabos y, gracias a la foto, crearon y publicaron su propio modelo del ADN, que acabó por darles el Premio Nobel de Fisiología y Medicina. Pero ¿pensáis que estos dos reconocieron entonces el trabajo de Rosalind? Pues no. Presentaron los resultados con su nombre y se quedaron tan panchos. Por aquel entonces, Rosalind ya había fallecido y el Premio Nobel no se da nunca a título póstumo, así que esa injusticia ya no tenía vuelta atrás.

Rosalind murió debido a un cáncer probablemente provocado por su uso continuado de las máquinas de rayos X que necesitaba para sus investigaciones, pues en aquella época se usaban sin ninguna protección. Nunca ganó los premios que merecía, pero no dejó de investigar, que es lo que más le gustaba hacer. Y, por suerte, a día de hoy sabemos toda la verdad y el mundo la puede recordar con la grandeza que se merece.

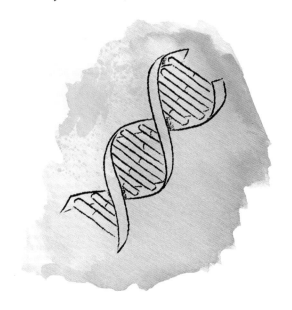

Stephanie Kwolek

La científica que paraba las balas

Fecha y lugar de nacimiento
31 de julio de 1923 (New Kensington, Estados Unidos).

Su mayor logro
Inventar el kevlar®.

Su lema
«Si los resultados que consigo no son del todo buenos, sigo haciendo pruebas, sigo luchando para ver si consigo sacar algo.»

Cópiale
Si tienes una inspiración, atrévete a probarla.

Como si se tratase de Superman capaz de enfrentarse a todos los peligros con el cuerpo duro como el acero, Stephanie con solo una camisetilla, era capaz de parar las balas. Pero, por suerte, su secreto fue revelado al mundo entero, y ahora cualquiera puede aprovecharse de él para sobrevivir a un disparo de arma de fuego. Y es que Stephanie no es Superman, ni siquiera Wonder Woman, sino una chica normal, muy muy lista, que usó sus increíbles conocimientos en química para fabricar un material capaz de detener una bala. Un material ligero que todo el mundo podría vestir como si fuera un chaleco. Stephanie había inventado el kevlar®.

Cuando era pequeña, el padre de Stephanie le descubrió las maravillas de la ciencia, y su madre le inculcó el gusto por la moda y por los tejidos. Pero el sueño de Stephanie siempre fue el de convertirse en médica y así salvar todas las vidas que pudiera. Como estudiar medicina era muy caro, decidió sacarse el grado en Química en la Margaret Morrison Carnegie College y ponerse a trabajar como química para poder ahorrar y pagarse la universidad.

Pero, ah, empezó a trabajar en DuPont, una de las empresas químicas más importantes del mundo. Y el trabajo le fue pareciendo cada vez más fascinante, hasta que llegó un día en el que decidió que ya no quería ser médica y que dedicaría su carrera a investigar tejidos para DuPont. Su principal trabajo acabó siendo el de encontrar fibras que fueran capaces de resistir condiciones extremas y que fuesen más resistentes que el nailon, para así fabricar neumáticos mejores. *Qué poco sabía ella entonces que lo de su ilusión de salvar vidas no estaba tan lejos.*

Stephanie se pasaba los días mezclando diferentes componentes y muchas veces no le parecía que las sustancias que obtenía pudieran tener una aplicación útil. Cuando le salían sustancias opacas y tirando a rígidas sabía que se había equivocado, pues para obtener nailon, por ejemplo, la sustancia inicial con la que se hilaba debía ser transparente y viscosa. Crear este tipo de telas sintéticas era como una receta para un pastel: si los ingredientes ya fallaban al principio, no había forma de que luego saliese algo digno.

Pero un día Stephanie tuvo una idea loca con una de las soluciones obtenidas, que básicamente debería haber sido tirada a la basura: entregársela al técnico de la empresa para que la introdujera en la máquina de hilar. El responsable de la máquina se resistió, porque no estaba dispuesto a meter una sustancia tan turbia en su máquina. ¡Se podía cargar los engranajes! Pero Stephanie insistió tanto que, al final, lo hizo. Para sorpresa de los dos, se obtuvo una fibra muy muy resistente. ¿Más resistente que el nailon? No, no… ¡Más resistente que el acero! Concretamente cinco veces más resistente que el acero. Y, además, era tan ligero que con él se podía tejer ropa para llevarla por la calle.

Stephanie había fabricado la primera muestra de poliparafenileno tereftalamida. Como seguro que no has sido capaz de decir estas dos palabras sin que la lengua se te haya hecho un lío, se decidió que el nombre por el que todo el mundo conocería la nueva fibra sería kevlar®, que suena más molón. DuPont comenzó a comercializar el kevlar® en 1972, y la insistencia de Stephanie en hilar un producto aparentemente defectuoso hizo que la empresa americana patentara a su nombre uno de sus productos estrella en toda la historia de la compañía, *forever and ever*.

Sin duda, aquel invento convirtió a Stephanie en una superheroína de la ciencia, por eso fue admitida en el National Inventors Hall of Fame. Y, a pesar de jubilarse en 1986 después de más de 40 años trabajando en DuPont, continuó el resto de su vida intentando acercar la ciencia a los más pequeños y siendo mentora de muchas chicas que querían ser científicas como ella. *Estaba convencida de que todas aquellas chicas debían ser inspiradas para que crearan cosas por ellas mismas y no tuvieran miedo de pensar de forma diferente.*

Actualmente el kevlar® tiene más de 200 aplicaciones diferentes, aunque su uso más conocido es el del chaleco antibalas, lo que ha permitido que se salven miles de vidas. El sueño de Stephanie, en el fondo, se había cumplido. Por si fuera poco, el kevlar® se usa para muchísimas otras cosas superchulas como trajes espaciales, material deportivo, paracaídas, cascos, cables submarinos, frenos de coches y hasta instrumentos musicales.

Vera Rubin

La astrónoma que vio lo que nadie veía

Fecha y lugar de nacimiento
23 de julio de 1928 (Filadelfia, Estados Unidos).

Su mayor logro
Encontrar la materia oscura.

Su lema
«La ciencia progresa mejor cuando las observaciones nos obligan a alterar nuestras preconcepciones.»

Cópiale
Mira siempre más allá de lo aparente.

Intentad imaginar una cosa que nadie ha visto nunca y que tampoco sabemos de qué está hecha pero que está por todas partes. Difícil, ¿eh? Ahora imaginad que la mayor parte de todo el universo está hecho de esa cosa invisible para los humanos. Jolines, ¡eso es imposible de imaginar! Pues esa cosa invisible se llama «materia oscura» y la primera persona que la identificó fue la astrónoma Vera Rubin.

Desde muy pequeña, Vera tenía siempre la mirada perdida en el cielo, fascinada sobre todo por todas las estrellas que veía brillar de noche desde la ventana de su habitación. Su padre le construyó un telescopio de cartón para poder observarlas mejor y Vera no podía parar de preguntarse qué

habría más allá, aunque cuando trataba de imaginarse lo enorme que podía llegar a ser el universo, sentía vértigo. ¿Qué había realmente ahí fuera? Para poder responder a esas preguntas, decidió estudiar astronomía. ¡Vera estaba destinada a explorar el espacio desconocido y a conseguir ver lo invisible!

Decidió empezar sus estudios en el Vassar College de Nueva York, cuando se enteró de que Maria Mitchell, la primera astrónoma profesional de Estados Unidos, había sido profesora allí en el siglo XIX. Pero cuando quiso pasar a la universidad, Princeton rechazó su solicitud por ser mujer, así que se fue a Cornell. Ejem, Princeton, ahí la cagasteis bastante. Pensad que, allá por el 1948, la presencia de las mujeres en las universidades era casi inexistente. De hecho, Princeton no dejó que las mujeres estudiasen astronomía allí hasta 1975. ¡Qué triste, por favor!

Mientras cursaba su carrera y su doctorado en Georgetown estudiando el movimiento de las galaxias, Vera tuvo tiempo también de casarse y tener cuatro hijos. Cuatro ¡¡y todos científicos!! En su tesis galáctica, Vera afirmó que las galaxias no estaban desperdigadas por el universo al azar, como si a alguien se le hubiera caído una bolsa de canicas por el suelo, sino que se agrupaban en grandes conjuntos (conocidos como «cúmulos»). Esta idea era tan novedosa en la década de 1950, que su trabajo fue rechazado por las prestigiosas revistas científicas *Astronomical Journal* y *Astrophysical Journal*. Si la idea hubiese venido de un hombre quizá hubieran escuchado. Peeero, 15 años después, estas revistas tuvieron que comérselo todo con patatas, porque se demostró que la teoría de Vera era completamente cierta. ¡Por supuesto!

El mundo empezó a enterarse de que Vera era una astrónoma del copón, así que se convirtió en la primera mujer en tener permiso para usar los instrumentos del importante Observatorio del Monte Palomar, del Instituto de Tecnología de California. Y gracias a que pudo pasarse horas mirando las estrellas, que era lo que siempre había querido, una noche se dio cuenta de una cosa que había pasado desapercibida para todo el mundo: a pesar de que las galaxias giraban rapidísimo, se mantenían unidas, sin que sus planetas salieran disparados hacia todas las direcciones. Eso significaba que, además de la gravedad, había algo más que mantenía unidas a las galaxias. Allí tenía que haber algo… algo extraordinario pero invisible. *A ese algo se le acabó llamando «materia oscura».*

La materia oscura se bautizó como «oscura» precisamente porque está oculta a nuestros sentidos, e incluso a nuestros instrumentos de medición. Intuimos que está allí afuera porque las mediciones de gravedad tienen que incluirla, pero es algo que parece tan mágico e irreal como los unicornios. A una persona normal le cuesta solo imaginarlo pero Vera no solo lo hizo, sino que lo midió. ¿Cómo se puede demostrar la existencia de algo tan difícil de ver?

Vera calculó que la masa de las galaxias estaba formada por una gran cantidad de materia oscura, mucha más que materia normal. En 1975, presentó sus resultados a la Sociedad Astronómica Americana y cambió por completo la comprensión que teníamos del universo hasta ese momento. Gracias a su hallazgo, cada vez sabemos un poco más de la misteriosa materia oscura, aunque todavía sabemos muy muy poco. Así que tranquilos todos, ¡es normal que no lo acabemos de entender!

Como Vera pasó toda su vida luchando para conseguir credibilidad en un mundo científico dominado por los hombres, se dedicó también en cuerpo y alma a afianzar la figura de la mujer en las ciencias y a ayudar a las niñas a perseguir sus sueños y a animarlas a investigar el universo como hizo ella. Los días de Vera debían tener unas 52 horas porque, si no, no nos lo explicamos. Llamaba a los organizadores de conferencias para que invitasen a más mujeres a hablar, persiguió a la Academia Nacional de Ciencias de Estados Unidos para que incluyesen también a más chicas y no paró de luchar hasta que el prestigioso Cosmos Club las aceptase de tan buena gana como hacía con los hombres. *¡Una luchadora con la fuerza de mil toneladas de materia oscura!*

Margaret Hamilton

La ingeniera que nos llevó a la Luna

Fecha y lugar de nacimiento
17 de agosto de 1936 (Paoli, Estados Unidos).

Su mayor logro
Escribir el código de software que llevó al primer hombre a la Luna.

Su lema
«No deberíamos tener miedo a decir "no lo sé" o "no lo entiendo", o incluso a hacer "preguntas tontas".»

Cópiale
Si lo que quieres hacer es tan nuevo que no tiene nombre, invéntatelo.

El 20 de julio de 1969 los astronautas americanos Neil Armstrong y Buzz Aldrin pisaron la superficie de la Luna. El hombre había conseguido por fin llegar a la Luna, pero lo que mucha gente no sabe es que sin una mujer, Margaret Hamilton, una mujer muy muy lista capaz de escribir códigos supercomplicados, quizá no lo hubiesen conseguido. Desde luego, como dijo Armstrong, un pequeño paso para el hombre (¡y para la mujer!), pero un gran paso para la humanidad. Y más todavía para la humanidad de los años 60…

Y es que en los años que Margaret estudiaba matemáticas en la universidad, el software no era tan importante como ahora. De hecho, incluso se consideraba más parecido a un arte que a una ciencia, de ahí que los científicos lo aprendieran casi de manera autodidacta probando nuevos lenguajes aquí y allá.

Cuando Margaret se licenció en la universidad, empezó a trabajar en el prestigioso Instituto de Tecnología de Massachusetts (MIT) y, gracias a sus conocimientos en matemáticas, se dedicó a aprender varios lenguajes de programación por sí misma.

Para crear un software hay que escribir las instrucciones de lo que se quiere hacer y cómo se va a hacer. Es decir, que escribir código es algo así como escribir un libro de instrucciones muy muy detallado. Estas instrucciones las lee el ordenador y, entonces, todo funciona como estamos acostumbrados. Parece magia, ¿no? Pues teniendo que aprenderlo tú solo como lo hizo Margaret, la verdad es que casi casi lo era.

Hoy en día los desarrolladores de software son una parte muy importante del proceso de creación y están muy valorados. Pero por aquel entonces este trabajo no tenía ni nombre, así que Margaret tuvo que inventarse hasta el nombre para su profesión para así darle más cuerpo y seriedad al asunto. De esta manera, Margaret llamó a lo que hacían en su departamento «ingeniería de software». Mola, ¿verdad?

Margaret empezó su nuevo trabajo recién bautizado en el departamento de meteorología del MIT desarrollando software para los ordenadores que predecían si iba a ponerse nublado o no, entre otras cosas, pero rápidamente vieron que esa tecnología podía tener usos militares, como defenderse de ataques aéreos. Pensad que en aquel momento Estados Unidos y Rusia se encontraban en plena Guerra Fría —y el «fría» no se refería precisamente a la meteorología— ambos países estaban constantemente armándose y protegiéndose de posibles ataques mutuos. Con su trabajo para este proyecto, en el MIT vieron que Margaret sería un buen fichaje para los proyectos que tenían con la NASA, y así fue como empezó a trabajar en el Programa Apolo.

En aquella época, Estados Unidos estaba metido en una carrera contra Rusia para ganarle en todo. Especialmente para conseguir ser los primeros en enviar al hombre a la Luna. Para eso está claro que necesitaban una nave, pero también un software para los ordenadores de la nave. Imaginaos el montón de instrucciones que se debían escribir para una misión tan importante y peligrosa como salir al espacio, recorrer cientos de miles de kilómetros y aterrizar en la superficie de la Luna. *¡Y encima volver a casa! Pensad en cuántas páginas podían ocupar todas esas instrucciones.*

Margaret y su equipo inventaron las bases de lo que ahora conocemos como programación, intentando controlar todos los frentes y dando a la computadora todo tipo de órdenes y soluciones a los problemas, incluso los que no sabían que podían darse. Como, por ejemplo, enseñarle a dar prioridad a las tareas más importantes y esperarse para realizar las demás. Y justamente ese software es el que permitió que Neil Armstrong pusiese el piececito en la Luna. Justo antes de aterrizar, el ordenador estaba haciendo tantas cosas a la vez que empezó a dar errores sin parar. Gracias a que Margaret había inventado un software que sabía priorizar, el ordenador se dio cuenta y supo centrarse solo en la más importante: aterrizar en la Luna (alunizar, vaya).

Las hazañas de Margaret son todavía más impresionantes si pensamos que, en la época en la que hizo todo esto, las mujeres todavía tenían que pedirle permiso a sus maridos para todo, hasta para solicitar un préstamo, y tenían sueldos más bajos porque se consideraba que ya vivían en parte del sueldo de sus maridos. Margaret no solo evitó pedir permiso para hacer lo que le dio la gana, sino que abrió la puerta a que miles de chicas descubrieran que había un sitio para ellas en las carreras de ciencia, tecnología, ingeniería y matemáticas. Margaret, además de ser la madre de su hija, se convirtió también en la madre del software tal y como lo conocemos. *O sea que es también un poquito madre de todos nosotros.*

Jude Milhon

La hacker que quería internet para todo el mundo

Fecha y lugar de nacimiento
12 de marzo de 1939 (Washington, Estados Unidos).

Su mayor logro
Hacer que muchas mujeres pudiesen acceder a internet.

Su lema
«¡Las chicas necesitan módems!»

Cópiale
Que el sexo con el que has nacido no te impida hacer lo que te apetezca.

Cuando nació internet, allá por 1969, no existían ni las páginas web, ni los vídeos de YouTube, ni tan siquiera los emails. Internet solo se usaba para la investigación en las universidades y para temas militares. Y, en consecuencia, era un lugar donde casi exclusivamente podías encontrar a hombres conectados. Pero hubo una mujer que se dio cuenta de que internet podía servir para muchísimas más cosas y, sobre todo, de que podía ser usado por todo el mundo, sin importar su sexo. Jude Milhon decidió dedicar toda su vida a luchar por ello.

Antes de que tan siquiera existiese internet, a Jude le gustaba muchísimo la informática y ella solita aprendió a programar. Y lo hizo leyendo un manual para aprender For-

tran. En programación hay muchos lenguajes, pero el Fortran se usa sobre todo en aplicaciones más técnicas como la ingeniería o las matemáticas. O sea que ya veis que a Jude le gustaba ir por la vida en modo difícil.

Jude no solo era valiente, también era rebelde. Estaba muy comprometida con la política y los derechos civiles, y fue detenida más de una vez por desobediencia civil. Así que no es de extrañar que, cuando el movimiento hippy estuvo en todo su esplendor en California, Jude se pusiera flores en el pelo y dejara su trabajo programando máquinas expendedoras para irse a Berkeley y unirse a una comunidad de programadores de izquierdas revolucionarios. Desde allí, Jude animaba a las mujeres a unirse a la cultura cibernética. En una época donde las chicas todavía tenían menos derechos que los hombres, Jude consideraba que internet era una herramienta superpoderosa en la escuela de la vida. Una escuela para muchas mujeres que no habían podido ir al colegio y donde el anonimato permitía que todo el mundo pudiese ser lo que quisiera en cualquier momento. Internet permitía perder el miedo a las convenciones sociales, al qué

dirán y, encima, desde el otro lado de la pantalla nadie podía saber ni tan siquiera si eras hombre o mujer. Así nadie podía juzgarte. El nombre que usaba Jude era «St. Jude» (santo —¡o santa!— Jude. ¡Ja!).

Un pseudónimo que iba a necesitar, porque también se convirtió en una de las primeras hackers de la historia. Y ya sabéis que no todo lo que hacen los hackers acaba de ser del todo legal (*guiño, guiño*), así que mejor protegerse, está claro. Jude creía que se debía aprender a hackear igual que se aprendían artes marciales, para poder defenderse. Para Jude el hackeo significaba libertad. Era la manera de liberarse de los límites impuestos por la sociedad, por las religiones, por el gobierno o por las mismas leyes de la física. Y es que Jude creía firmemente en que la vida era demasiado corta como para desperdiciarla preocupándose por lo que pensaban los demás y con los límites que imponía la masa de la mayoría.

Pero más que hacker, a Jude le gustaba llamarse «*cypherpunk*», término que ella misma se inventó uniendo las palabras «*cypher*» (cifra) y «*punk*» (gamberro), que más tarde derivaría en *cyberpunk*. Poco después, fundaría el grupo de los *Cypherpunks*, una asociación de defensores de la privacidad digital, y también sería miembro de la asociación *Computer Professionals for Social Responsibility* (Profesionales de la Informática por la Responsabilidad Social), una ONG que potenciaba la informática y promovía su integración en muchos campos en los que todavía no se usaba, como en la medicina o la educación. Ahora nos parece muy lógico pero entonces fue toda una revolución.

Quizá uno de sus proyectos más conocidos es el Community Memory Project (Proyecto de la Memoria de la Comunidad) en San Francisco, lo que vendría a ser el primer sistema público de internet donde la comunidad podía buscar información sobre todo tipo de temas y también publicar cosas e intercambiar información con los demás. ¡Una especie de Wikipedia en 1973!

Jude también fue redactora jefe de la revista *Mondo 2000*, la publicación de cabecera de todos los amantes de la cultura cibernética, hasta su muerte, momento en el que todos los periódicos anunciaron la triste noticia de que los hackers habían perdido a St. Jude, su santa protectora. Jude, con sus ideas innovadoras sobre internet y la libertad, sin duda fue uno de los grandes iconos de los primeros tiempos de la vida en red y *¡deberíamos recordarla cada vez que navegamos por internet!*

Sau Lan Wu

La física que nos permitió ver la partícula más misteriosa

Fecha y lugar de nacimiento

A principios de los años 1940 (Hong Kong).

Su mayor logro

Descubrir la existencia del bosón de Higgs.

Su lema

«Vive con integridad y deja que tu conciencia te guíe.»

Cópiale

Nunca pierdas la ilusión de buscar porque siempre hay algo que encontrar.

Intenta imaginar lo más pequeño del mundo. ¿Un grano de sal? ¿Una mota de polvo? ¿Quizá un pelo de mosca? No, no, aún más pequeñito. Algo tan pequeño que ni siquiera puedas verlo con tus ojos. Tan pequeño que ni siquiera los microscopios más potentes puedan detectarlo. Algo miles y miles de veces más pequeño que un átomo. ¿Cómo se puede imaginar siquiera que algo así existe? ¿Cómo podemos averiguar cómo son estas cosas tan pequeñas? ¿Cómo descubrir de qué está hecha toda la materia que nos rodea si no podemos ver sus ladrillos más diminutos? Pues Sau Lan Wu lo consiguió, ¡toma ya!

Para poder hacer algo tan difícil, Sau Lan y su equipo trabajan con el Gran Colisionador de Hadrones. Suena a máqui-

na de película, ¿verdad? Se trata de una máquina gigantesca con forma de anillo de varios kilómetros de longitud que está bajo tierra, en la frontera de Suiza con Francia. La entrada a esta máquina fabulosa está en el CERN, un centro de investigación en el que trabajan miles de científicos y científicas alucinantes. Muchos de ellos lo usan para averiguar de qué están hechos los trocitos más pequeños de la materia, es decir, de todas las cosas que ves y tocas en tu vida diaria. Y ¿cómo consiguen hacer eso? Pues a lo bruto, la verdad. Cogen una partícula, la meten en esta máquina y la empiezan a acelerar con electroimanes a velocidades inimaginables. La partícula empieza a dar vueltas y más vueltas por el interior del anillo de varios kilómetros de longitud… tan rápido que en solo un segundo puede dar miles de vueltas… y entonces… ¡zas! La hacen chocar contra un objeto. En ese momento, durante una fracción de segundo, produce una serie de emisiones de energía y los científicos aprovechan para disparar un montón de fotos. Haciendo dificilísimos cálculos, se puede entonces intuir si esas señales de energía corresponden a una determinada partícula minúscula que nadie puede ver.

Y así es, muy muy resumido, como se deducen las piezas más pequeñas de las que está hecho el mundo. Y Sau Lan Wu lideró al equipo que descubrió la que seguramente sea la pieza más importante de todas: el bosón de Higgs. La existencia del bosón de Higgs significa que las teorías de la física actual están bien y que no hay que cambiarlas. Lo que es un alivio, la verdad. Hasta entonces, la existencia de esta partícula requetepequeñísima solo se había teorizado, pero no se había podido demostrar. Confirmar su existencia fue algo tan importante que algunos incluso la han llamado, quizá un poco exageradamente, la partícula de Dios. *Porque explica todo lo que nos rodea.*

Todo esto que suena tan extraño para la gente normal, Sau lo tiene por la mano. Porque anteriormente ya había ayudado a descubrir otro tipo de partículas también pequeñísimas: el gluón y el quark encantado (sí, los físicos son todos unos poetas a la hora de bautizar partículas). Sau tenía la meta vital de, al menos, hacer tres grandes descubrimientos y… vaya si lo consiguió. *Sau trabaja actualmente en el CERN jugando con el acelerador,* aunque de pequeña siempre había deseado ser pintora. Pero abandonó la idea cuando cayó en sus manos un libro sobre la vida de la maravillosa Marie Curie, y la inspiró tanto que quiso dedicar su vida a la física. El problema es que en China no estaba bien visto que las mujeres estudiaran en la universidad, y el padre de Sau no estaba dispuesto a apoyarla en su decisión. Por esa razón, Sau escribió a más de 50 universidades de Estados Unidos, donde no solo pudiese conseguir una beca completa para estudiar allí, sino que también le pudieran enviar información de forma secreta para que no se enterase su padre. Finalmente, obtuvo una beca para estudiar en la Universidad de Vassar, una de las más prestigiosas de Estados Unidos, que incluía tanto los estudios, como la residencia y hasta la comida y la ropa. Y de este modo se fue la mar de feliz rumbo a Nueva York, sin importarle siquiera que ¡no dominaba bien el inglés!

Por supuesto, en Vassar, Sau se convirtió en una crack en física, y obtuvo unas notas tan altas que muchas otras universidades se la rifaron para que continuara estudiando en ellas. Sau eligió Harvard para hacer su máster, donde se convirtió en la primera mujer en acceder al programa de física de la universidad. Petán-

dolo, sí. Sau empezó siendo profesora, pero pronto se dio cuenta de que, para ella, la investigación más importante y lo que la obsesionaba realmente era encontrar alguna pista de la existencia del bosón de Higgs. Y como sabemos, el que la sigue la consigue.

Para Sau, encontrar esa partícula era más importante que encontrar cualquier otra cosa en el mundo, porque servía para entender mejor de qué estaba hecho el propio mundo y también nosotros mismos. Año tras año, prueba tras prueba, Sau nunca se rindió, por eso, cuando Sau por fin encontró la pista que demostraba su existencia, le dijo triunfante: «¡He estado 20 años buscándote!». Y allí sigue todavía investigando de qué estamos hechos, y estamos seguros de que no parará hasta conseguirlo.

Patricia Bath

La oftalmóloga que devolvió la vista a miles de personas

Fecha y lugar de nacimiento
4 de noviembre de 1942 (Nueva York, Estados Unidos).

Su mayor logro
Curar la ceguera de miles de personas con sus inventos.

Su lema
«Cree en el poder de la verdad. No dejes que el pensamiento mayoritario encarcele tu mente.»

Cópiale
Si ves que otros sufren, atrévete a luchar por ellos.

Si ser una mujer en un mundo de hombres es difícil, ser mujer y, además, negra es el doble de difícil. Pensad que, en Estados Unidos, hasta hace muy poco tiempo, los afroamericanos no tenían los mismos derechos que los blancos y, sin ir más lejos, les obligaban a hacer cosas como sentarse en una parte especial del autobús, no beber de las mismas fuentes que los blancos ni usar sus baños. Efectivamente, una vergüenza. Por eso la historia de Patricia es una historia de lucha y de valentía, pues a pesar de nacer mujer, negra y pobre se convirtió en una de las oftalmólogas más exitosas de la historia y consiguió curar a millones de personas con sus investigaciones.

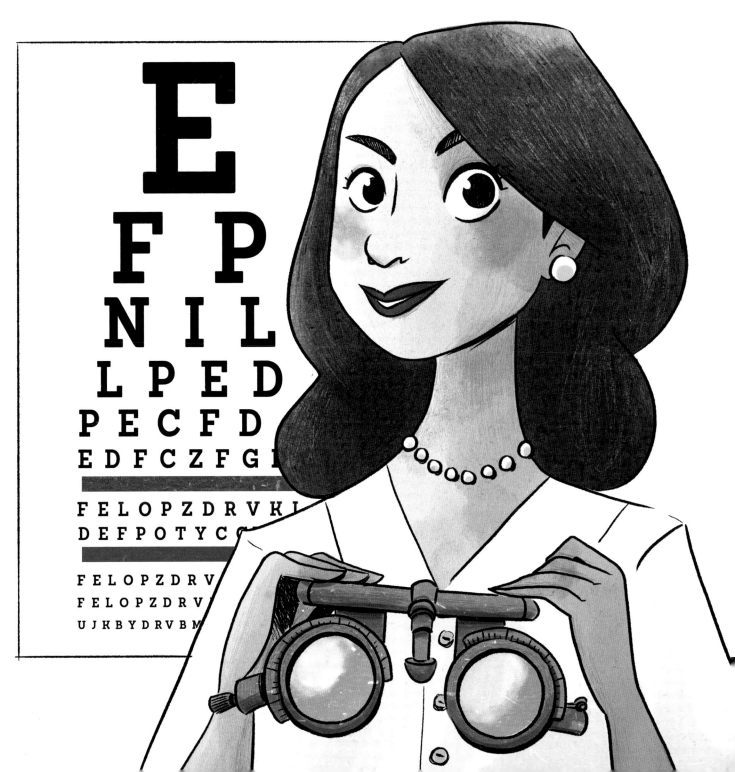

Patricia nació en Harlem, uno de los barrios más pobres de Nueva York. Su padre, que también era un guerrero, fue el primer afroamericano en trabajar de maquinista en el metro de Nueva York. Él le enseñó las maravillas de poder viajar y el valor de explorar nuevas culturas, y su madre despertó el interés de Patricia por la ciencia cuando le compró un juego de química para que hiciera sus propios experimentos locos en casa. Y es que ya debía de ver que Patricia era una genia desde bien pequeña.

En tan solo dos años y medio acabó el instituto y ganó una beca de la Fundación Nacional de Ciencias para estudiar la conexión entre el cáncer, la nutrición y el estrés. Ahí fue donde se enamoró de la medicina para siempre. El jefe del curso, el doctor Robert Bernard, quedó tan impresionado con sus ideas que las añadió a un artículo científico que presentó en una conferencia. En 1960, todavía siendo una adolescente, Patricia ganó el Premio al Mérito de la revista *Mademoiselle* por su contribución a aquel proyecto. Esa chica de Harlem, sin duda, *estaba llamada a cambiar el mundo.*

Al terminar la universidad, donde no solo estudió medicina sino también química, empezó su residencia en el Hospital de Harlem y sus investigaciones en la Universidad de Columbia. En 1967, Patricia viajó a la antigua Yugoslavia para hacer unos estudios sobre salud infantil y fue allí donde se dio cuenta de que para las minorías raciales y para los pobres era muy difícil acceder a un buen tratamiento oftalmológico y que, si eras pobre o de raza negra, tenías muchos más números para padecer ceguera. Pero parecía que nadie se había fijado en ello. *A Patricia le pareció una injusticia tan intolerable que puso todo su empeño en solucionarla.*

Por ejemplo, descubrió que los afroamericanos eran dos veces más propensos a sufrir ceguera, y que tenían una probabilidad ocho veces mayor de desarrollar glaucoma, una enfermedad que daña los ojos. Patricia convenció a sus compañeros de la Universidad de Columbia para operar gratuitamente a pacientes ciegos en el Hospital de Harlem. Creó un programa de voluntariado para atender a la comunidad de Harlem y fundó también el Instituto Americano para la Prevención de la Ceguera. Estaba convencida de que la vista es un derecho fundamental de las personas y no iba a permitir que por ser de una raza minoritaria o por no tener recursos económicos no pudieran prever y tratarse estas enfermedades.

Por si no fuera suficiente, Patricia también se dedicó a inventar dispositivos para facilitar el cuidado y el tratamiento de enfermedades oculares. Entre ellos, la sonda Laserphaco, un dispositivo que mejora el uso del láser para eliminar las cataratas. Lo completó después de hacer una investigación sobre láseres en Berlín que sirvió para devolverle la vista a personas que llevaban años siendo ciegas y que ya no tenían ninguna esperanza de volver a ver. *De esta manera, Patricia no solo se convertía en la primera mujer afroamericana que conseguía una patente con fines médicos, sino que devolvía la esperanza a muchísima gente.*

Más adelante, empeñada en que nadie sufriese ceguera si ella podía encontrar un remedio, patentó muchas más cosas, algunas de ellas mejoras de su propia sonda, y también un método para usar la tecnología de los ultrasonidos para tratar las cataratas, haciendo que fuera todavía más fácil que la gente afectada por esta enfermedad bastante común pudieran recuperar la vista. ¡Imaginaos la cara de alegría que pondrían aquellos pacientes cuando lo primero que vieron fue a Patricia sonriendo!

Patricia ha peleado duro contra la ceguera física, sí. Pero también contra otro tipo de cegueras como el sexismo, el racismo y la pobreza que la rodeaban en su vida. Y los ha vencido a los tres. Patricia está trabajando actualmente en mejorar la «telemedicina», para que los médicos puedan diagnosticar a pacientes de manera remota allá donde estén. *Sigue luchando día a día para que millones de personas recuperen la vista y estamos seguros de que lo conseguirá.*

May-Britt Moser

La neurocientífica que descubrió un GPS en nuestro cerebro

Fecha y lugar de nacimiento

4 de enero de 1963 (Fosnavàg, Noruega).

Su mayor logro

Descubrir las células cuadrícula de nuestro cerebro.

Su lema

«Si te estás divirtiendo aprendes el doble.»

Cópiale

No te asustes si todo es complicado, al final siempre hay solución.

Nuestro cerebro es el órgano más importante de nuestro cuerpo pero, curiosamente, del que menos sabemos cómo funciona. Y es que es complicadísimo, pues tiene entre 10.000 y 100.000 millones de neuronas. Tantas como el número de estrellas de nuestra galaxia. O sea, muchas. Y por si fuera poco, cada neurona solita establece entre 5.000 y 50.000 conexiones con sus células vecinas. Es decir, un lío increíble, que May-Britt se ha propuesto desenredar.

May-Britt nació en una pequeña isla medio perdida de Noruega, muy religiosa y donde la gente cree profundamente en los espíritus. Los padres de May-Britt nunca fueron a la universidad y siempre soñaron con que su

hija pudiese disfrutar de la vida universitaria y se convirtiera en una brillante doctora. Así que, cuando acabó la secundaria, May-Britt decidió matricularse en la Universidad de Oslo. Allí conoció a Edvard Moser, con quien había ido al mismo instituto, pero con quien nunca había hablado hasta ese momento. O la escuela era muy grande o ellos dos eran muy tímidos. Casualidades de la vida. May-Britt y Edvard se enamoraron (*ya os lo imaginabais, ¿verdad?*) y decidieron estudiar psicología juntos, casarse y compartir laboratorio. Todo el pack completo de relación.

Ambos fueron becarios posdoctorales en el laboratorio de John O'Keefe, en el University College de Londres, donde empezaron a investigar en serio cómo el cerebro es capaz de representar el espacio. May-Britt estaba obsesionada con descubrir cómo nos orientamos, ¿acaso llevamos incorporado una especie de GPS en el cerebro? ¿Es así como podemos saber dónde estamos, cómo encontrar el camino de un punto a otro y, a la vez, podemos almacenar toda esta información para recurrir inmediatamente a ella a fin de encontrar de nuevo el camino correcto? No es nada fácil,

pero el cerebro es capaz de hacer estas cosas. Y ella quería saber cómo.

May-Britt y Edvard se pasaban los días investigando cómo las ratas de laboratorio se movían día y noche arriba y abajo por pequeños laberintos ratiles.

Su jefe, John O'Keefe ya había descubierto que en el hipocampo había un tipo de células nerviosas que se activaban cuando se encontraban en un sitio en concreto, pero si se hallaban en un sitio distinto, se activaban otras muy distintas. Las llamó, para que quedara bien claro, «*células de posicionamiento*». Lo que hicieron May-Britt y Edvard fue identificar otras células que definían posicionamientos pero también caminos de forma precisa. Bautizaron a estas células como «*células cuadrícula*».

May-Britt, pues, había descubierto unos tipos de células cerebrales que prácticamente nos dicen dónde estamos, por lo que ya os imagináis cómo de importantes son. Pero es que también son importantísimas para la memoria. Sin ellas no reconoceríamos fácilmente lo que nos rodea y nos perderíamos siempre al ir a cualquier sitio, aunque ya hubiéramos ido mil veces. No recordaríamos cómo se va a nuestra casa o al supermercado. Un lío, vaya. Bastante incómodo para la supervivencia del día a día.

Visto esto, os podéis imaginar lo que pasa si se dañan nuestras células cuadrícula: en efecto, se nos empiezan a olvidar las cosas. Así que investigaciones como las de May-Britt nos ayudan mucho a avanzar en la cura de enfermedades como el alzhéimer. Es por ello que en reconocimiento a todos sus descubrimientos May-Britt y Edvard recibieron en 2014 el Premio Nobel de Medicina, que compartieron con su mentor, John O'Keefe. May-Britt, que es una bromista, *fue a recoger el Nobel con un vestido especial que encargó bordado enterito con las células cuadrícula que había descubierto.*

May-Britt es ahora catedrática de neurociencia, ha fundado el Centro para la Biología de la Memoria y actualmente dirige del Centro de Computación Neuronal en la Universidad Noruega de Ciencia y Tecnología de Trondheim. Continúa estudiando el cerebro humano cada día, investigando, por ejemplo, cómo el estrés puede afectarnos o cómo es posible que los olores nos lleven directamente a revivir recuerdos de nuestro pasado. Como cuando olemos turrón y nos vienen automáticamente recuerdos de Navidad. Está claro que May-Britt no parará hasta que descubra todos los secretos escondidos de nuestro cerebro, por muy liosos que sean. *Gracias May-Britt, tu obsesión nos encanta.*

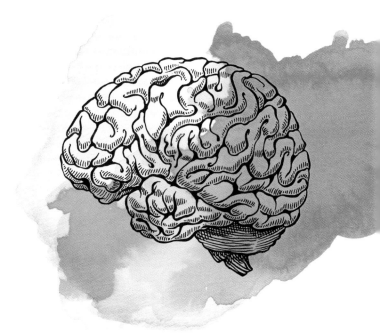

Maryam Mirzakhani

La primera científica en ganar el Nobel de Matemáticas

Fecha y lugar de nacimiento

3 de mayo de 1977 (Teherán, Irán).

Su mayor logro

Ser la primera mujer en ganar la Medalla Fields de Matemáticas.

Su lema

«La belleza de las matemáticas solo la descubren los más pacientes.»

Cópiale

Mira distinto y acertarás.

Todo el mundo conoce el Premio Nobel, ya que es uno de los más importantes del mundo. Hay Premio Nobel para las categorías de Física, Química, Medicina, Literatura, Economía y hasta para la Paz. Sin embargo, no existe el Nobel de Matemáticas. What? No porque Alfred Nobel, su fundador, las odiara, sino porque en aquella época no consideró que las matemáticas tuvieran aplicaciones prácticas. A ver, es verdad que son incomprensibles a veces, pero prácticas también, ¿no? Así que poco más tarde se creó un premio especial para ellas igual de prestigioso que el Nobel, la Medalla Fields, que se entrega cada cuatro años solo a matemáticos que sean menores de 40 años de edad. O sea, que además de ser un crack tienes que serlo rapidito para que te la concedan. Maryam es la primera y la única mujer en ganar la Medalla.

Por si no fuera poco mérito, encima Maryam nació en Irán, un país donde las mujeres a día de hoy todavía tienen muchísimos menos derechos que los hombres. Curiosamente, su primera pasión fue la lectura y si le hubieras preguntado qué querría ser de mayor te habría contestado que escritora. Pero un día, en el insti, cayó en sus manos un cuestionario de acceso a un concurso de matemáticas y Maryam se pasó varios días intentando resolverlo. Ese reto la picó y la llevó a obsesionarse con las mates hasta tal punto que pidió a su escuela, donde solo iban chicas, que le enseñasen matemáticas al mismo nivel que hacían en las escuelas de chicos. *¿Por qué ellas tenían que saber menos?*

A Maryam le parecía que con las mates podía trabajar con pruebas, como un detective privado resolviendo misterios. Los misterios del mundo, que no es poco. Ella describía su trabajo como estar perdida en la jungla devanándose los sesos para dar con nuevos trucos y, con un poco de suerte, poder encontrar una salida. Y eso, a Maryam se le daba muy muy bien. En 1994 fue la primera chica de Irán en ganar la Medalla de Oro en la Olimpiada Internacional de Matemáticas. Pero es que, al año siguiente,

ganó DOS medallas de oro y con una calificación perfecta. Fue la primera persona de todo Irán en conseguirlo.

Maryam se graduó en Matemáticas en la Universidad de Tecnología Sharif de Teherán pero rápidamente se marchó a Estados Unidos y se doctoró en la Universidad de Harvard. Cuando llegó ni siquiera dominaba bien el inglés; de hecho, los apuntes los tomaba en persa, pero nunca tenía vergüenza en preguntar las cosas una y otra vez hasta que las entendía bien. En su tesis doctoral, Maryam resolvió dos problemas supercomplicados sobre geometría hiperbólica y todo el mundo alucinó.

Si cuando te imaginas los problemas que resolvía Maryam estás pensando en la pizarra de tu profe o en tu libreta de mates, espera un momento. El cerebro de Maryam era original incluso para eso: para resolver problemas dibujaba en hojas de papel garabatos que para ella representaban el problema y, más tarde, escribía fórmulas matemáticas alrededor de los dibujos. Sus fórmulas parecían pequeñas

$\int coth\, u\, du = ln |sen\, u| + c$

obras de arte. Definitivamente, Maryam tenía una forma distinta de ver el mundo. Era una persona capaz de darle la vuelta a las investigaciones una y mil veces, capaz de seguir investigando cuando todos los demás habían tirado ya la toalla. Maryam centró sus investigaciones en lo que más le fascinaba, las superficies hiperbólicas, y sus estudios nos dieron impactantes y originales descubrimientos sobre geometría.

El mundo no tardó en darse cuenta de lo extraordinaria que era. Ganó el Premio Blumenthal, el Ruth Lyttle Satter… y, poco más tarde, recibió la Medalla Fields por sus avances en las superficies de Riemann y sus modelos espaciales. Tranquilos, nosotros tampoco sabemos bien bien qué son, pero según la Universidad de Stanford, donde Maryam dio clases hasta el día de su muerte, sus descubrimientos abrieron puertas tanto al estudio de los números primos y la criptografía como a la resolución de las incógnitas que rodean el estudio de los orígenes del universo. ¡Casi nada!

Maryam murió con tan solo 40 años debido a un cáncer de mama. Todo fue rápido en su vida —su genialidad, su éxito y su pérdida—, pero en tan poco tiempo logró lo que ninguna otra mujer había conseguido antes en las matemáticas. Y hasta sin quererlo, consiguió algo sin precedentes en Irán: al anunciarse que el cáncer había vencido a Maryam, el presidente iraní Hassan Rouhani, retiró la prohibición absurda de que las mujeres no podían salir en fotografías sin taparse el pelo con un pañuelo, y varios periódicos publicaron fotografías de ella con el pelo al descubierto. *De nuevo, Maryam se convertía en la primera chica en conseguir algo muy importante no solo para su país, sino para las mujeres de todo el mundo.*

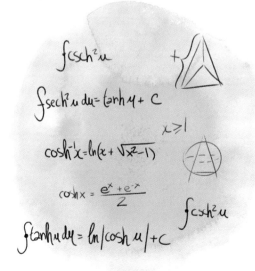

Agnodice
Siglo IV a.C.

Caroline
Lucretia
Herschel
1750

Mileva
Marić
1875

Emmy
Noether
1882

Inge
Lehmann
1888

Grace
Hopper
1906

Dorothy
Crowfoot
Hodgkin
1910

1647
Maria Sibylla
Merian

1868
Henrietta
Leavitt

1879
Margaret
Sanger

1887
Beulah Louise
Henry

1902
Barbara
McClintock

1909
Rita
Levi-Montalcini

Línea cronológica

Chie-Shiung Wu

Rosalind Franklin

Vera Rubin

Jude Milhon

Patricia Bath

Maryam Mirzakhani

1912   1920   1928   1939   1942   1977

1911   1918   1923   1936   1940   1963

María Teresa Toral

Gertrude Elion

Stephanie Kwolek

Margaret Hamilton

Sau Lan Wu

May-Britt Moser

Pero aquí faltan chicas científicas, ¿no?

Seguro que crees que nos hemos vuelto locos y nos hemos olvidado de algunas de las chicas científicas más importantes de la historia. Pero, ¡no! Todas esas chicas de aquí abajo lo han petado fortísimo en el mundo de las ciencias, y podrás leer sobre ellas en nuestro primer libro: *Las chicas son guerreras*. Venga… ¿a qué esperas? ¡Ve a leerlo!

Hipatia de Alejandría

La primera chica científica

Ada Byron

La chica que pensaba como un ordenador

Marie Curie

La primera chica que ganó el premio Nobel. Dos veces

Ángela Ruiz Robles

La chica que inventó el libro electrónico

Jane Goodall

La chica que amaba a los animales

Valentina Tereshkova

La primera chica que viajó al espacio

Irene Cívico

Irene es experta solucionadora de problemas y cuando no está apagando fuegos en el trabajo, le encanta estar con sus amigos echando unas risis. Irene es fan de la tele, de las chuches y de Harry Potter. Es más de ciudad que las palomas, pero le encanta mirar el verde en el campo. Los sueños de su vida son tener una piscina y ser marquesa. Está trabajando en ello porque cree que nada es imposible.

Sergio Parra

Sergio es editor de diversos medios digitales, como *Xataka Ciencia*. También escribe en *Muy Interesante*, *Jot Down* y *Yorokobu* y ha publicado varias novelas, libros de viajes y libros de divulgación científica. Cuando le queda tiempo revisita obsesivamente películas de los 80 y se aprende diálogos de memoria.

Núria Aparicio

Núria Aparicio, más conocida en redes como La Pendeja, estudió ilustración y animación en la escuela Serra i Abella de Barcelona y ha trabajado en estudios como Nikodemo Animation, Neptuno Films o Triacom. Desde hace más de 5 años trabaja como ilustradora freelance y se dedica a la animación 2D y a la ilustración.

Este libro se terminó de imprimir
en febrero de 2018

31901063614202